［明］程敏政　著　阮東升　校點

程敏政文集

第五册

華東師範大學出版社

篁墩程先生文集卷六十一

頌　歌曲　古樂府　詩

平逆頌

天順辛巳秋，虜酋孛來擁衆寇迤西，上命懷寧伯鐣帥師禦之，而以兵部尚書昂節制其軍。先是，昭武伯欽及其黨以靖難功，權傾中外，上稍裁抑之，遂蓄異圖。時以七月二日出師，欽約其兄都督鐸、從兄都督鏞、弟都指揮鉉謀入内爲亂，推其黨之黠者爲謀主，而以其部所典禁兵及其仲父宦者吉祥爲内援，并結番將都督伯顔也先等數十人以樹黨。

是日，都指揮完者禿亮詣長安門告變。夜二鼓，宫中聞變，詔侍直中官執吉祥以俟天曙。漏下四鼓，舉兵犯闕，合番、漢人五百騎直抵禁城，雷鼓大振，撾殺錦衣指揮杲，擊翰林學士賢，傷首，并執吏部尚書翱於東朝邸。鐸帥數騎而西，殺左都御史深，斮傷廣寧侯安。時禁門未啓，欽督其黨，縱火焚東西皇城門及東華門，朝臣悸散，莫知所出。達曉，王師始集，詔會昌侯繼宗將之。鏜督諸軍先登，恭順侯瑾及諸將臣分道逆擊，昂以精兵殿之，首尾聯絡，旗鼓相望。欽退屯東華門，鐪以衆接戰，王師鋭甚，賊衆披靡。自辰至午，敗鐪，斬之。欽中流矢，創甚，振策以馳。適瑾將五六騎出覘，卒與欽遇，衆寡不敵，力戰死之。還駐東大市街，相拒至酉。鉉以百餘騎往來馳突者三，王師環結不動，自相枕籍。鏜令執潰者斬以徇，責戰益急。發神臂弓射之，追斬鉉。欽益懼，使百餘騎還攻朝陽門，不克。諸軍進薄其衆，大破之。鐸爲亂兵所殺，欽入其家，溺眢井中。其黨伯顔也先等縋城以遁，遣兵追之，皆被獲。

是晚，乘輿出御午門，朝百官，詔下吉祥及伯顔也先等於御史獄，皆伏誅，仍以鐸棄市，而磔欽屍，籍其家以賚將士，餘黨並落二職，流嶺南。旌死節功，追封瑾梁國公，謚忠壯。贈深少保，謚莊愍。論功行賞，加繼宗太保，安太子少傅，賢、翱、昂並以本官兼太子少保，鏜賜爵徹侯，而進完者秃亮爲都督，餘將士加官進爵有差。明日，下詔暴欽罪於中外。

於戲！不測之虞，起於一旦若此。伏惟皇上聖德神武，荷天地廟社之休，不旋踵而醜類殄滅，宮闕肅清。稽古考經，宜有紀述。臣誠不佞，謹撰平逆頌一首，雖不敢上備尚書故實，亦少見愛君尊主不能自已之誠于萬一云爾。

煌煌大明，五葉嗣承。爰及我后，奉天中興。既脩既攘，内外時乂。有孽其間，欲梗予治。蠢兹吉祥，實維寺人。中懷孔姦，曹騰之孫。假子曰欽，開國昭武。手提禁兵，孰敢予侮？后惡其驕，曰爾永圖。欽乃蓄異，萃彼逃逋。中搆吉祥，以逞無賴，以效阿瞞，而力弗逮。孟秋既朔，熒惑在熒。伺間而舉，狺聲喧喧。燔我闕門，戕我朝士。蹀血東西，金吾御史。惟相惟將，臣賢臣安。如唐衡、度，被斮被殘。飛變夜聞，后赫斯怒。曰爾繼宗，元舅元輔。往曁爾鏜，用整厥師。爾瑾先驅，爾昂殿之。靖此狡童，惟爾之績。爾惟弗績，罪弗爾惜。衆奮其武，如羆如熊。大旗飜飜，礮聲震空。賊鋒始交，逆陣而鬨。瑾喪其元，人百其勇。再鼓以進，群醜遂奔。乃馘乃俘，奏功轅門。兔技斯窮，如醉罔省。反走厥家，授首眢井。梟徒獍隊，不日成禽。天開日舒，眚銷沴沈。后御午門，告爾大衆。罔治脅從，無怖無恐。吉祥就磔，欽首懸竿。稿街闐闐，都人快觀。乃瀦其居，乃殄厥世。爾族爾媢，投屏四裔。籍録所入，有帛有金。爰犒我士，凱歌謳吟。勸忠褒功，后有明詔。公侯公孤，有券有誥。群臣稽首，我后永貞。大憝既平，聖武乃成。我后曰嘻，惟天之祚。將率之力，祖考之祐。允顯聖德，巍巍難名。告功萬世，敢揚頌聲。

大明中興鐃歌鼓吹曲

臣聞鐃歌鼓吹有曲，尚矣。然自漢後，率以頌刱業之主，而中興蔑聞焉。豈非其臣之少文無以極揚厲之美，或其主之德業容有不足聲者邪？臣備員從官，親見陛下嗣統以來，拔去奇衺，剗平僭亂，盛德大業，振古所無。而頌聲不揚，無以顯示後世。臣竊歉焉，謹撰大明中興鐃歌鼓吹曲十章，雖其辭意荒譾，不敢上擬古作，然倡之而來雅音、被大樂，用昭陛下聖德大業于無窮，或自臣始。臣不勝願望之至，謹列于左方。

宣重光

歲甲申，上御奉天門，道揚永命，朝群臣，即位改元，作宣重光第一。

宣重光，煒以煌。離火出，被四方。朱烏下，金烏翔。啓鴻徽，猗我皇。乘六陽，健以剛。闢午門，坐明堂。庶績熙，兆姓慶。顯皇德，覲復揚。建大化，高百王。帝敷賁，禄穰穰。於萬年，祚有明。

右宣重光二十二句，句三字。

難壬人

上之初立也，諸務未遑，而中外素干政刑之臣或竄或流，朝野稱慶，作難壬人第二。

難壬人，九土服。淫朋自孽，匪予僇。違乃庸，圮女族。渾敦饕飻，堯所咈。矧女寺，越女僕。干予政刑，恣女毒。屏四裔，禦魍魎。褫女組綬，繫之往。宮若府，肅以清。惟獨斷，皇之明。皇之明，國之貞。

右難壬人二十二句，十八句句三字，四句句四字。

斷峽藤

廣西猺人自大藤峽蔓于東，入雷、廉、高、肇四州，遣師討之，寇平，作斷峽藤第三。

斷峽藤，克蠻嶠。破頑陰，發靈曜。薄海四隅，皇德冒。蕞爾醜，背聲教。皇人旅興，殄爾暴。蛇豕平，捷屢告。山殷殷，波浩浩。舟車來，嶺南道。清二廣，睿謀造。

右斷峽藤十八句，十六句句三字，二句句四字。

刳大竹

蜀賊趙鐸據棧口以叛，邊吏奉詔率松潘兵東下，敗賊于大竹，鐸死，作刳大竹第四。

刳大竹，竹裂瓦。鼓田田，振原野。弗工者誰，駕駹馬。旅拒王人，堅壁下。組棧與閣道，不可假。我師蹙之，旗夜禡。六番來同，自黎、雅。孰定民痛，若贅與瘕。大鉞殲之，血流赭。躪厥逋人，若土苴。川沴消，奏章夏。

右刳大竹二十二句，十二句句三字，十句句四字。

掃欃搶

荆、襄流人合妖僧扇衆劫竹山諸縣，遣將討之，妖僧走蜀，偏師追獲以獻，作掃欃搶第五。

欃搶明，應荆楚。雙女之分，路伊阻。幺麽竊起，竹山下，獒狺猘蚩，病斯土。皇赫斯怒，整厥旅。將士洸洸，闞虓虎。渠魁面縛，偏師走。戈船追獲，蜀江滸。妖氣夜掃，芒不吐。四海謳歌，聖布武。

右掃欃搶二十句，十一句句三字，九句句四字。

平建孽

建州酋董山合諸夷屢寇邊，既悔罪入朝，其屬益暴我東鄙，詔僇山遣兵渡潑珠江，襲其部以歸，作平建孽第六。

惟建之孽，在營東隅。毳衣湩食，奠厥部以居。忽煽其邇隣，欲逞以趨。野心僉同，曰我秋防虛。唱鞮譯，撩遼左，旋復請吏，庸以款我。皇曰耆定，赦弗可。肆諸邊市，省厥夥。載授將鉞，發兵徂征。武夫屬槖，方啓行。潑珠之水，沸若湯。天祚有德，黠虜平。大業終古，垂無疆。

右平建孽二十六句，十五句句四字，三句句五字，八句句三字。

靖山戎

山都掌蠻跨川、貴之境，流毒罔悛，詔發蜀、楚、雲、貴兵征之，下龍背、豹尾砦，入凌霄城天井洞，殲厥醜，易其地爲太平川，作靖山戎第七。

靖山戎，渡瀘水。蠢弗龔，罔攸悔。考銅鼙，祀牛鬼。驅我旄倪，蠆毒肆起。皇曰咨女率，往代予理。朱旆來，賊頓委。踏龍背，剪豹尾。凌霄城踣，天井圮。鐔道不阨，氓不痏。

殲厥繁徒，樹新壘。一舉甌、蜀平，遠邇咸喜。於皇廟謨，萬世斯紀。

右靖山戎二十四句，十三句句三字，九句句四字，二句句五字。

西河清

虜據黃河套，歲入寇延、銀，西師弗解，遣將行邊，俘馘以獻，作西河清第八。

西河清，自延、銀。莽黃流，浩沄沄。河之陰，漠無垠。中有狼子，趁厥草蕃，時率厖與殺，入我塞門。王師大蒐，窮爾窟。扼爾雄吭，獮爾族。弧矢流晶，熒狼不敢燭。秦人子來，共祝皇永鼇。

右西河清十八句，八句句三字，七句句四字，三句句五字。

石城摧

平涼賊滿肆約降戎入石城，構兵稱亂，遣兵討之，至靖虜，築長圍困而禽之，作石城摧第九。

巋巋石城，堅不可摧。跨雍界涼，路紆且回。中有大醜，逞其兇能。誘我降阿，逆聲喧豗。皇曰鷙哉，是不可徠。爰命將士，戡此骶胎。乃塹乃圍，絶其往來。如獸在穽，勢窮而歸。邊吏胥慶，城門夜開。我馬不隤，野無戰埃。臣拜稽首，惟皇德威。惟皇德威，邦人永懷。

右石城摧二十四句，句四字。

韃來庭

北虜大酋阿失帖木兒遣使入貢，作韃來庭第十。

韃人大酋種，遠在瀚海邊。昔日天驕子，乘機部腥膻。疆埸動侵擾，北塞多狼烟。一朝忽來庭，稽顙對九筵。駝駝與腰裹，奉獻保精虔。古來玁狁强，薄伐聞周宣。有漢六葉主，輪臺悔窮年。乃知天子聖，仁義久陶甄。坐令左衽徒，向化靡不肩。謌詩被皷吹，明德光無前。

右韃來庭二十句，句五字。

黄石操

留侯遇圯上老父之事若近於怪，以予觀之，殆讀史者之不審也。史載老父與留侯約，異日見濟北穀城山下黄石，即我也。後留侯果得而祠之。味史之言，乃老父自謂其年已邁，後當葬彼，以黄石志其處，亦猶莊子所謂「索我於枯魚之肆」耳。留侯得而祠之，蓋尊其冢上之物，示不忘其人也。今乃謂老父化爲黄石，豈理也哉？予過圯上，有感其事，爲賦琴操二章。

我營一丘兮，濟水之碕。有黄石兮，熚如梔。嗟日暮兮，見子無期。子行矣兮，爲帝師。乘車馬兮，來何時？索我兮安之，宿草兮離離。懷弊屣兮下邳，見黄石兮如台。

凝予睇兮穀城之下，有黄石兮志坯土。思晤言兮我翁，渺予心兮愁苦。感翁惠兮一編書，俾我侯兮萬户。駕言兮歸來，清觴豆兮潔肴俎。嗟奉足兮無因，寶兹石兮終古。

二交頌

甚哉！朋友五倫之一，而其道之喪也，久矣。切怪夫大學之傳至善，中庸之論達道，餘無加之詞者，而獨於朋友增「交」之一言，何哉？誠以彼四倫者，其名稱皆出於天而不可易；反之，則爲逆爲悖，無所逃罪焉。惟朋友則視夫交者之何如。交之得其道，斯稱其名，否則漠然路人焉耳，朋友云乎哉？昔者嚴子陵當漢之中興而獨全友道於英哲之君，謝皐羽當宋之既亡而獨全友道於忠義之相。之二子者，蓋深有見夫世之號朋友者，其初未始不密，其終未始不離，大之賣其國、小之覆其家而戕其身，故挺然不屈於富貴，毅然不相忘於死生，以愧夫世之號朋友者。而君子不察，謂子陵爲全身高潔之人，謂皐羽爲慷慨悲歌之士，反於倫理若有憾焉。其不得夫二子之心也，甚矣！予省覲北歸，泛桐江，宿所謂釣臺之下，慨然有感於子陵之宅、皐羽之塚，江山依然，草木如故，而卒未有探其心於千載之上者，故爲二交頌，酹水而去。之二子者有靈，固將謂此語爲知己也夫？頌曰：

明明天倫，帝降之衷。責善盡性，友在其中。交匪其人，百善斯訌。先覺有訓，孰奉以共。
靡慎其始，尚求其終。戮家傾國，友道斯窮。有倡其風，在漢嚴翁。懿此嚴翁，夙家於桐。
龍困於野，惟翁是同。龍升於天，翁舉斯鴻。友道乃全，風流譽崇。下此千載，卓哉謝公。
謝公巖巖，居粵之東。佐相從戎，相死於忠。惟相之思，乃心忡忡。友道再全，叔世之雄。
嗟嗟小子，悾悾顓蒙。稽首嚴祠，江清山空。釣遊之處，蔓草葱葱。惟臺之南，惟謝之宮。
野哭之地，寒吹渢渢。繄二子心，不折如銅。繄二子名，不刊如嵩。我作頌詩，以諗臣工。
有善斯嚮，有過斯攻。全彼交道，萬世之功。

門有車馬客行

席爲門，茅蓋屋，窮巷蕭然媚幽獨。里中却有張氏翁，能識陳郎非碌碌。有女不嫁王侯族，願與陳郎侍休沐。陳郎居處非樓臺，席門終日凌風開。巍冠時有長者來，車輪馬足飛黄埃。蛟螭自古困泥滓，男兒豈久居蒿萊？偉哉陳郎被戎服，從赤龍，逐秦鹿，宰制天下如宰肉。分茅既受五侯封，秉鈞更享千鍾禄。張氏女，鬢未蒼，魚軒命服何煌煌，始知乃翁眼力長。何事兒孫廢繩武，不知門外有韋郎。

君馬黄

周穆王，挾造父。乘飛黄，謁王母。曉馳黄澤西，夜宿瑶池滸。一曲蟠桃宴未終，玉帛紛紛向徐土。回首西京路脩阻，縱有飛黄竟何補？君不見，漢高側室兒，能却千里馬。拱手垂衣治天下，南粤稱臣無叛者。

墻上難爲趨行

君子如處子，一生當守身。願學段干木，不學宋東鄰。

將進酒

安漢公，將進酒，蝮蛇蜿蜒持在手。未央宫中日將酉，一杯才入君王口，六宫便作招魂啼，太后朝來號文母。君不見，申氏子，伶其身，内庭侍宴將及晨。坐中起爲壽，刃此手足親。申氏子，長眉顰，奪取一吸如飲醇。肝腦不惜塗宫裀，吁嗟此意寧求伸？不忍他人害兄弟，何況自己忘君臣？安漢公，非得計，四海孤身葬無地。早知今日反羞伶，何似當初莫稱帝。

驅車上東門行

雉堞連雲起，秦城屬漢家。更無丞相犬，猶有故侯家。

銅雀妓

魏公好色不知足，愛子已爲張繡戮。歸來不悔舊時差，臨河更把高臺築。臺上美人如萬花，日日歌管聲諠譁。老瞞自欲比西伯，内則何似周王家？當時美人浪自許，各逞新粧奉新主。豈徒媚惑令主昏，冶容誨淫吾不與。君不見，鄴中長想二喬來，有心不到黄公女。

右古樂府凡六篇，十五年前所作。弊簏中見之，不忍棄之，因録于此。歲不我與，而學不加進，爲之慨然。成化丙申冬十月望日。

辟廱

辟廱，送大司成耿公也。

有嚴辟廱，四方之則。孰其師之，一人孔碩。
眷此碩人，明德是崇。穆其家風，自清惠公。
侍禁有聲，出教國子。横金服緋，再命伊始。

戟門夜啓，舍菜于庭。碩人顧瞻，是儀是刑。
朝鼓鏜鏜，碩人升坐。諸生執經，或右或左。
相帝之治，爰藉群才。遲此碩人，樂哉斯培。
材成孔多，功亦云懋。耆俊之求，入副元后。
允兹明良，庶事攸康。蔚有耿光，吾道之昌。

右辟廱八章，章四句。

巫山高

自古言楚襄王夢與神女遇，以楚詞考之，則有甚不然者。高唐賦序云：先王嘗遊高唐，夢一婦人曰：妾巫山之女，朝爲行雲，暮爲行雨。則夢神女者，懷王也。神女賦序曰：楚襄王與宋玉遊於雲夢之浦，使玉賦高唐之事，其夜夢與神女遇，異之，明日以白玉。玉曰：其夢若何？王對曰：晡夕之後，精神怳惚，若有所喜，見一婦人，狀甚奇異。玉曰：狀何如也？王曰：茂矣美矣，諸好備矣，瓌恣瑋態，不可勝讚。王曰：若此盛矣，試爲寡人賦之。夫既云「王曰茂矣美矣」，又云「王曰若此盛矣」，何其前後之複哉？況人君語臣不當曰「白」，答臣不當曰「對」。且其賦曰：「他人莫覩，王覽其狀，望予帷而延視兮，若流波之將闌。」以爲宋玉代王賦之。如王之自言，則不當云「王覽其狀」，既云「王覽其狀」，則是宋玉之言矣，又不知稱「予」者誰也。以此考之，其夜王寢「夢與神女遇」者，「王」字乃「玉」字，「明日以白玉」者，白王也。「王」與「玉」字先後互書之誤耳。前日夢神女者懷王，其夜夢神女者宋玉，襄王無與焉，從來枉受其名耳。

十二峰頭雲似絮，十二峰下翻盆雨。朝朝暮暮雨復晴，不知誰是陰晴主。中有美人高髻鬟，神宫杳杳居深山。人間有路不可往，雲屏霧障愁躋攀。懷王夜宿無人共，忽有山靈入幽夢。醒來不見意中人，但覺陽臺曙光動。侍臣宋玉多才名，高唐一賦深有情。自言親到巫山裏，美人再會如平生。雲雨當年只如此，襄王却是無名子。後人不解真是非，誤把遺踪著詩史。巫山高，高嶙峋，楚宫花木今幾春？何時倚櫂危峰下，一弔襄王父與臣。

明妃曲

後漢匈奴傳言呼韓邪匈奴來朝，願爲漢壻，後宫王嬙以積怨自請行，此事之實也。西京雜記乃云：「元帝使畫工毛延壽圖宫人形貌，按圖召幸，王嬙以賂金少，畫不及貌。及賜單于，宮人王嬙當行，帝見之悔，乃殺延壽。」夫元帝柔仁之主，謂其因女色殺畫工，固不可信。而王嬙以無寵自請行，誠一污賤女子耳。後之爲昭君曲者多歸咎元帝，殊不當云。

明妃本是巫山女，貌美如花解人語。家門正對楚王臺，慣聽鄉人説雲雨。一朝被選入漢宮，幾年不識天子容。宮車日日向何所，魚鑰只把長門封。象牀不寐心如擣，自惜紅顔暗中老。裴回顧影淚雙垂，生死不如臺下草。胡王欲得漢家姬，六宮盡蹙雙蛾眉。孤懷不覺心語口，猶勝永巷常淒其。欣然獨上氈車裏，胡王得之驚且喜。短簫吹出霸陵橋，兩兩雎鳩水中起。古城北去多戰場，黄沙白草春無光。多情自得虜庭樂，回首漢月空茫茫。打圍夜向陰山宿，更爲胡王理絲竹。漢家莫悔誤和戎，琵琶不是思歸曲。

結襪子 楊鐵厓以此題歸之張釋之，予愛其善模擬，竊效之得二篇。

文王伐崇，至鳳凰之墟而襪係解，文王自結之。太公問焉。文王曰：「吾聞亡君所與處，弗盡其役。寡人雖不肖，所與處皆先君之人也，故無令結之。」

有崇不道干天誅，西伯杖鉞登戎車。夜發渭水濱，曉至岐山隅。朱絲履結忽自解，玉帳彳亍難爲趨。左顧顛适右闊散，冠劍濟濟非庸奴。低頭自結雙帶子，大聖自與常人殊。嗚呼！大聖自與常人殊，溺冠騎項將何如？

唐昭宗還長安，朱全忠嘗侍殿上，昭宗意衛兵有能擒之者，乃佯爲鞋結解，以顧全忠。全忠跪而結之，左右無敢動者，全忠汗流浹背。

梁王未赴宣武軍，崇勳殿上酬元勳。君臣面慶若魚水，心腹戈矛人不聞。天容慘淡愁風雲，舄帶忽解雙龍紋。特勑梁王手親結，左右不敢生紛紜。老奸長跪黼座下，浹背汗流如救焚。嗚呼！天子賤役爾當結，碭山賊徒何足云？

前旌操

古樂府前旌操者，爲衛公子伋、壽而作也。詩乘舟之疏與左傳所載甚詳，曰：「宣公烝於庶母夷姜，生伋，爲娶於齊而美，公取之，是爲宣姜，生壽及朔。朔與宣姜譖伋於公，公使伋之齊，使盜先待於隘而殺之。壽告伋，使行，不可，壽竊其旌以往，盜殺之。伋至，曰：『君命殺我，壽也何罪？』亦死於賊。」予考之，宣公以魯隱四年十二月立，至桓十二年十一月卒，凡十有九年。姑以即位之始便成淫亂，而伋即以次年生，勢須十五年然後娶。既娶而奪之，又生壽、朔，已能同母譖兄，壽又能代爲使者越境，非十歲以下兒所能辦。然則十九年之間，何以處之？此決無之事，特春秋好事者爲之耳。予以此曲名雅而失其實，因舉以歸之岳將軍飛。飛當宋南渡，以滅金復讎爲己任，高宗嘗賜大旗，書其上曰「精忠」。飛每戰寘於前行，中興之功，計日可成，而卒斃于權奸秦檜之手。當其就獄，裂裳見背，有舊涅「盡忠報國」四字，深入膚理。予以是深悲之，故爲此曲，鳴飛之不平而聲檜之罪，以待後之製樂者采焉。

大旌之摇摇兮，寘我前行。主録臣忠兮，臣不敢忘。臣之志兮，復舊疆。以忠鏤骨兮，臣亡與亡。孰不臣諒兮，罪臣無將。不愛一死兮，臣志未償。願主毋以臣兮，卷旌而藏。

仙居書屋操

户部尚書兼翰林學士淳安商先生所居之旁有深洞焉，先生少時嘗構舍，讀書其中，其後發解南省、廷試皆舉第一，先生之子良臣復取進士爲編修，好事者題其舍曰仙居書室，新安程敏政爲賦琴操二章。

我屋我書，以仙而著稱兮，豈儒之行而墨是名兮？有美一人，不遐以征兮。我欲從之，考其成兮。

惟士之進，辟之于登瀛兮，矧彼翁子接武于西清兮？永言配德，兹山之靈兮。嗟若之言，亦孰得其情兮？

雙瑞

雙瑞，美徐公也。公以儲端居親之喪，廬墓側，有孝感焉，既免而入朝，天子寵嘉之，晉少宗伯，貴及其子。家慶迭臻，其瑞也驗，故聞者美之而作是詩也。

義興之郊，有山隆隆。孰窆其親，有孝徐公。
有廬蕭蕭，倚山之麓。徐公是居，哀慕孔篤。
爰有鳩二，來巢于梁。其色縞縞，如君子裳。
雁雁于飛，日泳于渚。濯濯其儀，擾而不去。
觀者動色，異口同詞。有瑞徐公，維天錫之。
一錫不已，乃至於再。發彼慶源，如水斯溉。
濟濟徐公，改服來朝。貳命秩宗，維慶之昭。

允顯其身，亦顯其子。奕世光榮，維慶之似。
維孝錫類，慶與之俱。孰瑞之誣，而大其閭。
慶也無涯，勖哉令德。匪瑞之夸，緊孝之式。

右雙瑞八章，章四句。

雪崖操

汉川宗人志端性高潔，喜吟咏，嘗私淑於郡守永嘉孫公，墨梅妙得其傳，因以雪崖自名。觀所好，知其人也。予爲賦琴操二章，俾天寒歲暮梅花盛開之際，啓山窗對雪崖而鼓之，豈不有助其清興之萬一乎？

維雪皓皓，言積其崖。匪伊梅兮，孰邕予懷。乃賡載歌，其音孔嘉。歲寒有盟，願與之偕。

維崖嶔嶔，言沍其雪。匪伊梅兮，孰□巖穴。載傳之圖，其色孔潔。有盟歲寒，我心則説。

思親堂

思親堂者，眉山七十三翁萬君子富之所作也。翁弟先生以高文碩行爲天子元輔，屢受命書，褒其上世。而翁猶佖佖不忘其親，若將終身焉，此詩之所由賦也。

有堂渠渠，有客佖佖。言思其親，日甚一日。
堂上有山，堂下有江。伊親之思，江山靡長。
赫赫宫保，維客之季。煌煌命書，屢賁于隧。
客拜稽首，家慶孔延。維菽與水，下不及泉。
乃作斯堂，奉妣暨考。若著若存，于以終老。
緊罔極兮，孰逃親仁。越終慕兮，孰非子身。
客哉孝思，亦既耄矣。德既卲矣，式克肖矣。
孝思維則，世徵于堂。爰錫厥類，斯堂之光。

右思親八章，章四句。

壽鞠

壽鞠，壽泌之焦父也。焦父年七袠，其生在歲之重九，與其曾、大二祖同日，其受太史芳之貤封也，誥命之下亦在是日焉。

有壽者鞠，其色孔黃。月日維九，薦此令芳。
有壽者鞠，其味孔甘。和以醇酒，禮庭燕酣。
誕是花辰，維泌焦父。異世同生，曾大二祖。
維泌焦父，子爲從臣。有來恩綸，及是花辰。
永言禮庭，鞠本堅好。載植載培，對爾壽考。
永言禮庭，鞠藹滋蕃。積慶開先，宜爾孫元。

右壽鞠六章，章四句。

芝頌

故太師定興張忠烈王佐太宗靖難爲元功，歷洪熙、宣德、正統三朝，參軍國事，爲耆德，忠、勳並隆。而下安南之績尤偉，惜紀載弗詳焉。王薨之四十年，今太傅兼太子太師嗣英公始得其詳于閹人之侍王者，乃請禮部尚書瓊山丘公重加序訂，立穹碑于墓祠之前。未幾，守墓者以芝産告，一本九莖，狀如朶雲，其色黄，其本紫。蓋天昭王之偉績，表嗣公之懿孝，故其瑞應若兹，宜有頌章，以侈其盛，俾祀王者歌于廟中。顧走之譾薄，不足與此，然與嗣公同侍經幄，同在史館，嘗獲觀其芝于堂，則聲其事，以備能言者之先驅，亦誼之不可辭也。

有翼者丘，在國之隅。有屹者碑，在墓之衢。孰藏于斯，山回川抱。曰定興王，維國元老。緊定興王，維國虎臣。不世之功，視彼交人。維交有州，故中國地。孰遺弗庭，而自爲異。王往征之，如鷹之揚。殄賊于荒，脱人于湯。還定招來，乃郡乃邑。告功廟社，禮絶班級。功既往矣，而弗及詳。家乘無徵，聞者孔傷。濟濟嗣公，今天子傅。爰訪爰蒐，得上功簿。如獲拱璧，如還大弓。奉告于祠，天相予衷。乃屬鉅公，爰輯爰次。大書特書，神畀予志。乃刻貞珉，金薤青瑶。遠映宸奎，上逼璇霄。松栢丸丸，贔屭矗矗。蛟螭蜿蜿，后土駭肅。碑既樹矣，忽炳其靈。有芝來生，一本九莖。數協陽爻，狀若雲朶。孰幻之根，孰名之蓏。其色正黄，毓秀中央。其本紫兮，載揚其芳。守者走告，觀者如堵。謂此奇祥，匪今斯古。維王之功，愈遠而明。維公之孝，彌久而貞。芝生于房，于漢中葉。祝國之釐，明明載牒。芝見于庭，有晉世臣。兆家之昌，孫子振振。維王之功，震于南土。與國咸休，盟在册府。維王之後，世顯中朝。如石如玄，横玉珥貂。享祠巍巍，王在中寢。公子是承，有苾其飲。俎豆煌煌，王降于堂。公孫是將，維食之香。天顯相王，河間之胄。維本之固，而末之茂。天顯相王，三岡之阡。劒舄之傳，維吉之延。史臣作詩，以頌厥美。一章之榮，百世之紀。

野哭

野哭，美吴孝子顧顥也。

野哭者誰子？伊氏維顧。弗安于寢，言思其父。言升其堂，言撫其牀。音容無方，乃築室于場。匪言斯揚，維以永傷。維草萋萋，維木皬皬。于今三年，而身之痗兮，而志弗餒兮。日往于田，號泣于天。有烏有狷，亦子是憐，維孝思則然。孰吴之區，而有斯士？孰顧之宗，而有斯子？維士子兮，家之紀兮，里之砥兮。維士子兮，亦孔之名。維有司之稱，維帝之旌。

右野哭六章，二章四句，二章六句，一章五句，一章七句。

篁墩程先生文集卷六十二

詩

詠史十四首

重華受堯禪，揖讓何雍雍。奉堯若考妣，臣道盡始終。夏王繼虞統，心與重華同。漢家逆操子，亦欲希前蹤。如何臣故主，貶號山陽公？

周公作周禮，本以致太平。後來講求者，往往亂自生。一悲新室篡，再苦新法行。善哉豫公語，萬古當作程。關雎與麟趾，此化何時明？

寄生根不牢，蜾蠃種還異。當時浪自喜，久遠安可計。鄙哉文訊侯，蕞爲琅玕吏。坐令秦、晉史，半作他人帝。厲階誰所啓？剿滅固天意。獨喜趙王孫，世主沙漠地。

霸王弒義帝，漢祖誅元勳。君臣道既絶，可得全其身？平生固不同，畢竟同一死。不知垓下劍，何似淮南矢？

王陵在漢軍，母伏劍于楚。趙苞守漁陽，母作鮮卑虜。二子皆名臣，忍獨遺其母。忠孝有偏重，賢者當自處。我愛徐元直，翩然别新主。

大獄考巫蠱，窮兵擊狂胡。壯心一朝悔，剛斷今古無。輪臺詔西極，望苑起後湖。朝歌罔怪者，社稷終爲墟。

世祖中興主，手拯三綱頹。温温東海王，廢棄同草萊。子房致園綺，國本無驚猜。乃知隆凖公，決斷何雄哉。鄧侯奉國請，嚴生歸釣臺。高光可並駕，史論空喧豗。

孔明討漢賊，凛凛三代師。廣厦既已傾，一木安可支？想象鞠躬志，慘澹風雲姿。亦有王將軍，舉義何孜孜。伐陳奉孱主，百折無回辭。嗟哉古烈士，萬世同一時。

犍爲李孝子，本是漢家人。不受鄴中詔，名節今古聞。胡爲讓官表，自稱僞朝臣。我欲删此語，庶作無瑕珍。客言且勿删，不見楊子雲。已受中散禄，更上美新文。

洸洸死後名，赫赫生前功。古來賢達士，謙伐心靡同。灑涕峴山頂，沈碑襄水中。惜哉羊與杜，此念何匆匆。

煬帝伐煬公，親自提戈戟。殷鑒尚不遠，而況目所擊。如何大業紀，半是亡陳迹。由來昏德主，先後同一失。所惜貞觀君，再發遼東役。

太宗内巢婦，不懼辰嬴恥。後來聘充華，聞諫即能止。昏昏復昭昭，哲后固如此。古云狂作聖，歛袂觀唐史。

趙氏有家法，不戮士大夫。秦、濟兩宗王，恨骨猶號呼。親親既如此，朝野將何如？飛、愚社稷臣，東、澈周孔徒。一朝恣碪斧，不啻彘與豬。宋人善粉飾，此語良不誣。

弘範北元帥，世傑南將軍。兩人本兄弟，奉主各致身。厓山颶風起，頃刻生死分。烈烈萬古忠，矯矯一世勳。我方編二史，執筆揚其芬。

雜詩二首

苦暑夜不寐，起讀月令章。乃知季夏後，有土居中央。下以開素景，上以承朱陽。寒暑相代謝，天運固有常。如何曆家算，視此殊乖張。謂是大火西，柔金遇而藏。三庚作三伏，坐使元化戕。試問刱者誰，眇眇秦、漢王。恭惟大統曆，賢者宜消詳。

西域當晦時，微月見西北。元有耶律氏，遂作庚午曆。斯人非妄者，乃是目所擊。流沙與昧谷，萬古地不易。相傳無此語，止謂哉生魄。天道豈不常，推移在異域〔一〕。何得起巫咸，爲我究其迹。

隱士五首

楚狂

天王不西狩，列國多遊士。楚狂獨何人，長歌向夫子。慷慨鳳德衰，當已胡弗已？晏歲草木蕃，吾道亦云否。岐山鳥不至，吾已方自此。

沮溺

辨士朝入境，莫享禄萬鍾。胡爲兩遺老，墾此荒田中？行行問津者，日晚悲途窮。邯鄲殺鳴犢，頸血流殷紅。臨河返車轡，太息尼山翁。

荷篠

丈人皓鬢眉，以杖荷其篠。不暇與客言，耘此稻間草。日暮邀客歸，雞黍聊結好。膝前兩兒郎，終歲足温飽。栖栖陳、蔡間，絃歌向誰道。

晨門

石門何巍巍，下有司晨者。擊柝夜不眠，甘分老田野。中原多戰伐，仁義若土苴。棲遲復何爲，所幸知者寡。何意魯乘田，終年走車馬。

荷蕢

于于田舍翁，行行荷其蕢。過館聞磬聲，知是客遊衛。嗟此行路難，莫道隱居易。徬徨野水側，淺揭深則厲。多少乘桴心，終成半途廢。

古詩二首

墻東馬纓蕊，朝開夜還合。墻西木槿花，朝放夜已落。化機有常運，物性固難鑿。胡乃萬物靈，冥行苦不覺。得失覺何有，終身浪悲樂。

新秋原野淨，閒步西山麓。山上有鶴媒，山下有麀鹿。見之感物理，不覺心煩促。天生本同類，何忍自魚肉。弋人前致詞，弋具未爲毒。不見餘耳交，一旦成翻覆。

乙酉歲瀛東別業雜興集古九首

獨在異鄉爲異客王摩詰，十年蹤跡走紅塵陳希夷。歸來池苑皆依舊白樂天，萬紫千紅總是春朱文公。

不妨遊子芰荷衣杜工部，散髮行歌自採薇秦系。洞裏幽花莫相笑歐陽公，此心非是愛輕肥張乖厓。

與客攜壺上翠微杜牧之，暫時相賞莫相違杜工部。白鷗自信無機事趙子昂，見我猶穿曲岸飛司馬公。

雞犬圖書共一船杜牧之，傍花隨柳過前川程明道。醉來睡着無人喚杜荀鶴，只在蘆花淺水邊司空曙。

春風疑不到天涯歐陽公，且在芳尊戀物華杜工部。謝却海棠飛盡絮朱淑真，一年容易即黃花王荊公。

空林獨與白雲期王摩詰，一任輕風拂面吹朱文公。細數落花因坐久王荊公，起來幽興有誰知寇萊公。

滿架薔薇一院香高千里，暫偷閒卧老僧房无名氏。日長睡起無情思楊誠齋，閒拂塵埃看畫墻王仲至。

緑槐垂穗乳鳥飛司空曙，白鳥銜魚上釣磯劉長卿。便覺眼前生意滿張南軒，斜風細雨不須歸張志和。

行人本是農桑客薛太拙，自恨尋芳到已遲杜牧之。君寵母恩俱未報賈存道，買牛賣劍定何時張雲莊。

憩鄭州

鄭市猶如此，揚鞭幾度過。荒城臨曠野，古廟控長河。境勝争先覩，詩慳取次哦。少年今老大，感慨若爲多。

宿資勝寺與王文璵進士夜談

載酒朝相過，論心夜未中。卧殘禪室冷，談徹講堂空。香篆銷輕縷，燈花落小紅。好懷攄不盡，鐘起院墻東。

奉送浣齋先生之喪至通州晚渡渾河嘴重宿安仲和家有懷士欽時成化丁亥四月一日也

曉隨軒蓋下通津，舊館重來嘆此身。千里關河丹旐遠，十年賓主白頭新。開尊見月猶前度，倚柱看花及暮春。腸斷夜來停櫂晚，白沙漁火照離人。

四月五日微雨免朝與李太史世賢步出皇城門喜而有作

輕陰小雨夜連晨，中使傳呼散紫宸。天氣薰蒸疑作暑，風光回轉欲留春。班分輦道花迎佩，仗出宮墻柳映人。獨喜聯鑣歸去早，六街消盡馬蹄塵。

送黄欽都閫出守洮河岷三州

前歲平遼過海東，今年分陝駐湟中。三城斥堠提封遠，千里藩戎節制通。開府欲施經濟策，留屯先上便宜功。從來禦侮須才俊，莫向沙場嘆轉蓬。

早朝

出門四顧人影滅，柝聲尚響城南樓。喜看明月在屋瓦，無奈黑風吹布裘。銀河斗柄淹欲没，御沼浪花寒不流。馬蹄且入待漏院，五更供奉殿東頭。

郭主事分司百步洪作雙堤以禦水患行者便之

百步洪連舊楚城，分司誰是濟川英。才驚夾岸雙虹起，便覺行舟一櫂輕。霜入芙蓉秋漲落，風回楊柳暮烟生。何時醉倚黄樓月，重聽王郎笛裏聲。

有懷汪希大因其從子守貞南歸賦此奉柬

泥緘欲寄少雙魚，爲託歸鴻問起居。仗劍不來干七貴，草玄應合繼諸儒。京華夜短愁無夢，故國春深樂有餘。我欲家山結新社，不知泉石近何如？

尋梅徑爲許廷冕職方賦

老圃南通一徑回，天寒初放隴頭梅。野人竹外扶笻至，地主花前載酒來。短笛吹殘江戍角，暗香飛度石城隈。晚晴記得歸時路，海月昏昏照古苔。

八月二日與謝鳴治太史分獻文廟時大學士彭公主祭

鳴佩朝來下紫宸，孔庭分獻屬詞臣。尊崇聖道推當代，追從元僚愧此身。祀禮周旋終丙夕，文星璀璨報丁辰。同寅況是多才子，聯轡趨朝夜向晨。

病中

半生多病不禁秋，纔入西風已倦遊。官組幾時忘世慮，藥囊終日爲身謀。旁人莫比相如渴，蹇我元無宋玉愁。獨有舊書緣未了，一編時復置牀頭。

九月十八日與李士敬登樓

小窗斜向厓山開，有客閒憑亦快哉。紫禁烟花從北繞，太行秋色自西來。掀髯欲作凌雲賦，回首慚非跨鶴才。月夜有期重過此，共君攜手望三台。

送安成李君丞休寧縣君致政宗伯先生之子，予同年友侍御廷璋之兄也。

雛鳳翩翩早應徵，一官恩命羨初膺。久知柏府難爲弟，近喜松廳不負丞。行處漸看春似錦，離人何惜酒如澠。故鄉有問京華事，多病年來客茂陵。

題小景雜畫

青山一髮海中央，島霧昏昏拍岸黄。過客不堪腸斷處，尉佗城下水如湯。

野梅開遍釣魚磯，杖策歸來雪滿衣。記得西湖山下過，一雙青鳥背人飛。

緑樹蕭然蔭草亭，酒船安近蓼花汀。分明一夜溪頭雨，洗出春山數點青。

小亭斜枕石溪濆，長夏空山草木薰。風雨忽來歸去晚，櫓聲摇碎一川雲。

漁翁獨棹木蘭舟，白草江亭兩岸秋。欸乃一聲天漠漠，望中家在夕陽洲。

岸草微茫接遠天，菰蒲深處有人烟。夜來雨過灘聲急，短棹誰家上水船。

約同年諸君子遊梁園

年年冷落帝城春，長恐花神解笑人。明日梁園尋舊約，不妨同踏軟紅塵。

送汪孔達同知嘉定州時餞行于月河寺北山晚翠樓上。

手持新牒佐明州，州在川南最上流。絶道盤雲迴樹杪，怒江飛雨過城頭。簿書永日渾閒事，燈火良宵憶舊遊。從此相望天萬里，思君時上北山樓。

家君南征還次國門宿觀音僧舍予來迎遂憩聽上人所別賦此詩

路入招提燕尾分，老僧迎拜話殷勤。山門幸駐尚書馬，禪榻須留太史文。玉帶高情空吊古，紫衣殊錫定超群。與君暫別還惆悵，回首東城已暮雲。

送吴學士先生還安成

五朝供奉眼中稀，又見投簪出禁闈。曉月東城雙佩遠，春風南浦一帆歸。青山佳處閒攜杖，紫陌輕塵不上衣。回首王城清思在，暮江空闊看雲飛。

夜坐

鈎簾坐夜深，月色涼可愛。遠響忽驚心，風動枯荷蓋。

成化五年冬至日再與世賢太史陪祀西陵次廉伯惠詩韻

出土城

古長城下凍嵐深，冰斷河隍雪滿林。岐路忽分雙堠側，諸陵遥出亂峰陰。道傍逆旅應相認，石上題名半可尋。前度近臣今再往，臨風徒切抱弓心。

清河道中

黄沙風起出茅深，獨擁重裘過遠林。野犬吠人來道左，山翁留客坐墻陰。晴光漸向城頭轉，好句還從馬上尋。莫遣奚囊空獨往，等閒孤負陸機心。

發昌平抵齋所

一望橋山路轉深，北風蕭颯撼空林。明樓半出青雲上，輦道平分碧樹陰。馬過山城晨未啓，人歸公館夜相尋。九龍池在前峰下，何日來遊副賞心。

謁西陵

玉磬聲殘漏已深，西陵燈火透松林。簷鈴陣陣傳風色，寢樹重重結暮陰。輦路銅䮴空在望，橋山珠舄杳難尋。先皇誕日還隣近，惆悵君王此夜心。

昌平城外曉行望劉諫議祠

直北峰巒紫翠深，行人倚馬度平林。海東霞氣揚朝彩，溪上風聲破午陰。多病此回成潦倒，舊遊何日事幽尋。劉郎説有荒祠在，慷慨當時射策心。

沙河有作

前村籬落望中深，一縷青烟起隔林。飲水馬嘶沙岸嘴，避風人坐石橋陰。好懷僅足成孤詠，勝境何曾得重尋。歸日定須招二子，小堂呼酒一論心。

與李賓之遊海雲寺後園

偶過都城北，來遊古磵濱。微風清細暑，小雨浥輕塵。忽起殊鄉念，聊閒薄宦身。何時重載酒，同作看花人。

堤上行人少，同來酒半醺。日光穿密樹，雨意隱層雲。客就蒼苔坐，農將翠稻分。塵纓如解濯，剪取碧波紋。

幽勝欣初得，塵囂暫一忘。新荷紛衆緑，老樹挺孤芳。眺遠登山徑，臨清憩野塘。不知坐談久，花露欲沾裳。

夏夜有懷二弟

小院初過雨，涼生白苧衣。吟餘風動髮，坐久月侵幃。柰子紅猶淺，荷盤緑漸肥。物華空滿目，江雁故多違。

送管河陳善僉事考績還張秋

刺豸盤雲上錦袍，三年持節有賢勞。秋河曲堰連千里，曉岸危檣列萬艘。汶上野人知姓字，齊東行旅識旌旄。重來白簡增光采，不負青雲舊俊髦。

送忻王傅翰林撿討張伯仁從征荊襄

落落胸藏十萬兵，襄、樊已覺望中平。雙璫夜出諸王館，一劍晨趨大將營。聖主便應休戰馬，旁人敢復笑儒生？不須負弩煩州縣，夾道兒童識姓名。

送孫舜卿學士先生致仕還杞

十四年來侍講筵，承恩一旦許歸田。官辭帝里心終赤，身拜親闈髮尚玄。松菊未荒陶令宅，圖書重上米家船。同鄉先達應無數，勇退高人説姓錢。

題王秋官文璵所藏三朝制策

三葉才名動冕旒，法曹能不墜箕裘。錦囊留得奎文在，好貯齊雲十丈樓。

徐伯輔御史承恩堂

裕後家聲久，推封帝澤濃。兒衣金刺豸，官誥錦盤龍。貯廟題新主，懸真易舊容。堂名應不泯，千載慶遭逢。

送李廷珍行人出使占城

帝遣皇華使，宣威向海東。夜行占北斗，曉發待西風。鼉背番城近，螭頭漢節通。定知唐李揆，清譽播蠻中。

輓金芸窗陸文量主事作志。

寂寞九原士，風流萬石君。霜凋南國蕙，塵冷北窗芸。浙水移先業，吴涇卜近墳。從知秺侯裔，不愧陸生文。

送李士欽符臺册封代府之作

冠佩紛紛聽曉雞，又承天語下金閨。仗前雨露隨龍節，塞上風雲襯馬蹄。傳詔百年誇盛典，鳴鑣三月重分攜。莫將遠役縈懷抱，此日雲中罷鼓鼙。

王孫策馬佩吴鈎，千里薰風屬壯遊。使府名高周一介，親藩禮絶漢諸侯。黄花鎮北逢邊吏，青草城東見驛樓。遥想出關回首處，夢魂長繞殿西頭。

官花盤繡上朱衣，傳道符臺出帝畿。護節鼓隨邊月動，辭家心逐塞雲飛。韓侯戰處風烟冷，漢帝行宫草樹稀。一路山川堪弔古，馬蹄應帶錦囊歸。

西涯十二詠爲李賓之太史賦

海子

十里城陰道，西湖一派分。秋晴沙岸尾，時見白鷗群。

西涯閣

臨水起高閣，紅塵不相擾。中有草玄人，時來看魚鳥。

慈恩寺

積水池邊路，祇園枕碧潯。灘聲終夜響，如聽海潮音。

楊柳灣

人行古刹西，斷堤如露肘。隱隱釣魚灣，青帘暎疎柳。

稻田

穲稏若青雲，飛起雙白鷺。小立問耕夫，恐是江南路。

菜園

雨後青滿園，野味亦可口。時有鄰翁來，攜筐剪春韭。

桔槔亭

閘上桔槔亭，潺潺聽水聲。獨憐抱甕者，空老漢陰城。

蓮池

北渚秋風起，紛紛緑暎紅。美人如不棄，相約采芙蓉。

西山

遠山如玉笋，近山如翠苔。池亭一拄笏，爽氣逼人來。

鍾鼓樓

巍巍百尺樓，上有司晨館。不似山城頭，寒更有長短。

響牐

涓涓月橋下，水流互吞吐。清夜往來人，畏是潛蛟舞。

飲馬池

訪君向北城，我馬如渴虎。溪女思得錢，不辭提甕苦。

吴橋張知縣瑞鳩圖

男耕女蠶民訟少，曉起官衙見青草。春風撥谷一兩聲，何處飛來鶉鳩鳥。口嘀枯枝入簷楹，朝經暮營如有情。梁間作巢避風雨，吏人往來還不驚。吴橋城外多桑柳，不肯棲身向林莽。但欲依依傍使居，德政嘉符世稀有。君不見，野雉馴，中牟之令終秉鈞。和氣從來多感召，會看旌異下楓宸。

輓張世璉舍人

去年君家會隣曲，芙蕖花紅池水緑。今年君死藤束棺，芙蕖花落池水寒。明年花開對新主，太息人生幾何許。楚些招君君不來，斜日虚堂淚如雨。

保竹盧郎中廷佐之祖號竹軒，父號竹隱，廷佐因號保竹，且請吴人張廷瑞作圖求詠。

三世相傳愛此君，清風摇動暮江濆。一時舊業今誰守，雛鳳方空百鳥群。

遊宦京華覺歲侵，江東舊竹可能尋？千金買得吴人畫，傳與兒孫繼此心。

題莊子觀泉

已將飛蝶幻孤身，却玩流泉古磵濱。可惜一回川上趣，當時無分見陬人。

送李賓之編修展墓還茶陵

王孫承詔尋松檟，詞客臨岐贈柳枝。天禄曉風聽漏處，洞庭春水放船時。紉蘭定著三閭賦，看竹還過二女祠。我亦懷鄉頻作夢，不堪重寫送君詩。

送南京鑄印局副使張徽兼致意乃父廷端

薰風流水緑楊橋，一客承恩下九霄。小篆極當宗伯選，尺書曾赴信陵招。筵開祖道晨釃酒，舟入官河夜候潮。老鳳相逢煩致語，不應長繫木蘭橈。

簡汪汝温

只躭佳句不憂貧，旅食京華十二春。草檄才名驚蜀將，看花丰采動燕人。短檠夜榻悲雙鬢，長劍秋城寄一身。老大功名須到手，啣杯休負菊花辰。

出塞行

與羅璟明仲、謝鐸鳴治、李東陽賓之、倪岳舜咨、焦芳孟陽同飲彭教敷五宅，喜官軍將征迤北而作，丙戌十月。

漢家將軍如虎貔璟，鐵衣炯炯登彤墀鐸。鞠躬再拜向天子東陽，肘繫金印盤雙螭敏政。陰山之陰玁狁窟岳，草狐野豕相出没教。天誅一顧不可留芳，旌旗如雲戒明發璟。袖中劍氣吞長虹鐸，指麾白日回蒼穹東陽。偏師五路擣沙磧敏政，鐵騎十萬屯雲中岳。皇威四馳掣驚電教，膽落旄頭逐飛箭芳。降車晝走穹廬王璟，捷書夜報明光殿鐸。君王有詔無窮追東陽，凱歌散入邊城陴敏政。滿抉銀河洗兵馬岳，盡收土宇歸華夷教。明廷告勒有尊敦芳，鉅筆如椽我當載璟。酒酣擊節聊載歌鐸，一爲將軍歌出塞東陽。

元夕燈詩十首應制

起火

活火翻成一縷烟，暖風吹上碧雲邊。須臾響作春雷起，萬紫千紅獻帝前。

牡丹

曾燒銀燭照紅粧，貪睡花神夢正長。高卧不知身已幻，碧紗籠裏度春光。

金蓮

内前花炬刻金蓮，徹送儒臣事漫傳。此夕一枝光照夜，顧因觀賞監當年。

木香

煌煌火樹照金門，不倩韓郎爲染根。御苑春光長不老，好花開到木香盆。

石竹

銀缸分出影參差，旋點朱英上緑枝。一夕自開還自謝，化機誰謂有停時。

玉簪

一種名花號玉簪，冰容斜倚翠雲衾。誰知點綴春宵景，盡把芳心變赤心。

古老錢

字畫依稀古老錢，火中埋没幾團圓。休言轉眼全無用，買斷鼇峰不夜天。

蝶戀花

鼇山花卉競春紅，舞蝶時來趁煖風。一霎不知何處在，恍疑飛過漆園東。

飛火

夜深燈火下蓬萊，一片飛霞燭上台。簫鼓不驚仙漏永，芙蓉芍藥滿山開。

金菊

巨鼇峰下彩雲深，誰遣秋容入上林。始覺化工生意溥，菊花新放滿枝金。

與亨大懋衡二太史天瑞元益貫之三給事同遊神樂觀是日廉伯有約不至

城樓旗角蕩朝暉，行入郊坰訪翠微。塵淨石壇門閉早，蘚封山徑客來稀。柳陰閑繫青驄馬，花氣濃薰白苧衣。南郭堤沙平似掌，不妨身戴月明歸。

城南策馬一經過，眼底偏驚樂事多。地主旋開桑落酒，山童能唱竹枝歌。翠雲宫殿聞玄鶴，青草池塘見白鵝。却愛道人幽獨好，幾時攜手入烟蘿。

宿雨初晴曉出關，偶然行樂便忘還。棋聲互答聞松外，詩韻分題寫竹間。鼇背朶雲瞻北闕，馬頭殘照見西山。故人何事紅塵裏，不共知心半日閒。

送楊朝用揮使受代還金陵

將軍才子重文韜，楚楚登壇一鳳毛。禁闕柳迎新試馬，轅門花拂舊征袍。離亭曉日紅塵動，歸路秋風白浪高。江上太平無戰伐，不須重淬百金刀。

送董尚矩編修省親還寧都

三載抽毫近御屏，一封優詔許歸寧。親闈寵浥鈞天露，文苑光回午夜星。澤國離筵秋看劍，河橋撾鼓晝揚鈴。鄉人定識江都裔，曾把天人對漢庭。

題青州先賢祠太守李昴重建。

青州名蹟半荒涼，只有叢祠古道傍。百代英魂隨水去，一方遺澤共山長。秋來廢苑甘棠老，春到空階碧草芳。聞説西平賢太守，懷人時薦菊花觴。

分得戲馬臺送李應禎舍人還江東

拔山壯士重瞳子，一戰睢陽萬人死。歸來戲馬築高臺，四顧憑陵劍光紫。霜蹄騕褭空復多，騅不逝兮將奈何。芳草千年臺下土，西風一夕帳中歌。王孫衣錦還江左，楚樹青青繫征舸。登高把酒問興亡，芒碭山頭日初墮。苜蓿花殘春水生，懷古匆匆不盡情。回首荒基何處是，淡烟踈柳隔彭城。

中伏日西風大作三日晝寒

暑氣方全盛，秋風忽大來。庭柯雕翠色，書案積黄埃。病欲披新絮，愁思撥舊醅。遥知田舍子，心事又成灰。

壽潘貢士父

七袠行將近，祈年趁晚菘。稱觴來野老，捧食拜溪童。玄髮經霜白，酡顔暎酒紅。名郎歸侍綵，佳氣滿吴中。

夏月有懷

露坐南楹下，東城夜未央。上簾邀月影，移席趁荷香。病覺吟身瘦，眠愁客夢長。星河淨如練，因爾嘆殊鄉。

輓余鍾母女爲崇王妃。

一夕謖花慘不開，滿庭涼露鶴聲哀。神姬約伴遊仙去，帝子親書遣祭來。古道悲風吹絳旐，玄墻陰雨上青苔。倚廬人誦南陔處，愁見當時玉鏡臺。

樂丘八詠分得卧虹橋爲沈時暘主事乃翁賦

五湖東半落楓橋，隱若晴虹破寂寥。漫漫芙蓉難識路，陰陰楊柳乍通潮。分披野色尋幽慣，倚徙江天入望遥。想去樂丘應不遠，過從時復見漁樵。

病起

卧病經旬久，開窗思有餘。不知秋幾許，黄葉滿庭除。

中秋病中時與李士欽叔姪近别

西風能幾日，此夜忽中秋。宇宙清如洗，山河影欲流。病身愁對酒，羈思懶登樓。遥想南歸者，凄涼共一舟。

雲樂

孟子以父母俱存、兄弟無故爲一樂，僕實有之，而不免于梁公望雲之思、杜子看雲之憶，因題其所居之室曰「雲樂」。

一官淹冀土，全室住江關。弟妹身如玉，庭闈髮未班。晝眠思劍外，晚眺近西山。擾擾紅塵裏，何時解綬還。

校勘記

〔一〕推移在異域　「域」上，原衍「役」字，據四庫本删。

篁墩程先生文集卷六十三

詩

古鏡行

何代青銅没深土，野人得自漳河滸。蘚花半蝕未經磨，云是朱砂水銀古。暗中忽有光射人，歷年想過漢與秦。背刻蛟螭雜鸞雀，製樣不似菱花新。良朋寄贈來千里，坐客摩挲驚且喜。共言舊物真是奇，拂拭還收錦囊裏。千金有價遇爾難，曉奩不許窺團團。留取他年奉明主，坐使奸諛心膽寒。

侯門怨

彰武伯女嫁爲保定侯夫人，年十七而死，侯每與客言及之，凄然不勝，客多爲輓章貽之，予亦爲賦侯門怨一首，洩侯之悲。

綺窗日暮愁雲結，寶鴨香銷紫檀屑。美人一去不復還，恨滿空林聽鶗鴂。金盤蠟燭半成灰，羅幌凝塵慘不開。王孫夜夜愁多夢，疑有芳魂落鏡臺。捲簾忽見孤飛燕，白日光陰疾如箭。墳頭應長素馨花，長對春風寄幽怨。

題楊補之松檜圖

「五松」已受秦封辱，「六檜」復被秦名污。參天直榦尚如此，二雛已滅隨煙蕪。大夫僞號若芻狗，處士雄心射牛斗。眼前便覺風雨來，耳畔疑聞蟄龍吼。良工此圖筆意精，王孫一購千金輕。恨無大手如子美，爲賦成都古栢行。

秦嘗封松爲五大夫，至宋季有永嘉處士胡裦者，憤秦檜之奸，題其堂曰「六檜」，蓋以「六」隱「戮」字也。夫松、檜，昔人以比端人正士，而爲二秦所污衊甚久，僕因淮人趙瑜家藏楊補之所繪圖，輒爲下一轉語。

六月五日雨後早朝偶然作

夜來一尺雨，汨没西家墻。不知早已霽，但覺天蒼凉。獨行御溝畔，流水聲泱泱。仰視河漢間，星斗爛輝光。好風吹苧衣，毛髮森秋霜。渺然鴟夷子，扁舟泛江鄉。又若萬里鴻，凌厲青雲翔。人生貴適意，此境安可常。遥遥禁中鼓，隱隱夜未央。下馬一憩息，旭日升東方。

義軒遺誨編脩師古曾祖也。

莆中有高人，乃是太丘孫。當其易簀時，神氣了不昏。治命五十六，懇懇皆名言。宿草經幾年，手澤今尚存。我時再拜觀，長恨隔九原。鄙哉鄴中子，香履留私恩。亦有汴京相，苦欲爲緇髡。平生竟何如，此道不復論。掩卷三嘆息，彷彿來生魂。

齋居次韻世賞廷言

多才幾宿共齋誠，玉署三回見月生。紀盛又傳新得句，懷人空讀舊題名。幽花小埭春光淺，古木迴廊夜氣清。只恐御壇高處冷，寢幃通夕未忘情。

立春南郊送駕次韻亨父

虎符清曉發千牛，黄道乘春出翠斿。遠陋漢儀祠泰畤，早聞周樂奏崇丘。風回禮殿鈴聲雜，月上行宫扇影稠。共喜一宵陰色淨，帝心元自與天遊。

前日親郊看卜牛，天門此夕駐龍斿。齋居散吏瞻宸扆，扈蹕才人識帝丘。楓陛漏隨春日轉，竹宫燈雜夜星稠。禮成共喜沾周宴，何必驚心數宦遊。

迎駕次韻亨父

一聲清蹕下郊壇，閶闔齊開敞玉闌。十二鑾鈴陳路馬，三千犀甲擁材官。罏煙散綵凝香霧，扇影屯雲護淺寒。最是詞臣偏近輦，龍顔春色有餘懽。

次韻原博賓之舜咨鳴治賜宴聯句

一派鈞韶合内筵，叨陪還廁玉堂仙。虎賁隊擁戈三百，鶴醞材高斗十千。鎬邑風雲春燕喜，堯階簪紱曉蟬聯。詞林四度需嘉會，鬢壓宫花憶少年。曉殿晴光覆四筵，坐中人是謫來仙。鑾迴閣道旌幢半，騎列句陳甲胄千。棫樸頎歌周代雅，柏梁誰續漢庭聯。龍顔共喜春先上，旰食憂勤記往年。衮衣親押慶成筵，步輦乘春下集仙。尚食緩傳盃數九，教坊争出舞群千。晴薰御爇虹光動，花覆宫袍獸錦聯。席上忽看雲絢彩，從龍佳氣入新年。黄幄中分列御筵，捧觴新曲度遊仙。漏聲晝下銅龍五，仗影春回玉馬千。白雪調煩詞客和，紅雲班許近臣聯。不知泰岳登壇處，石檢重封是幾年。

題畫

黄鳥飛飛緑樹低，望中疑是上林西。君王不受珍禽獻，一任空山自在啼。

送李立之太常先生再赴南京

南國舊衣冠，重遊興未闌。文章周柱史，禮樂漢祠官。臺閣掄材久，郊亭話別難。直應行色好，梅柳遍江干。

又送容臺去，分司識故宫。一尊留夕照，雙珮下春空。地迥燕山隔，冰消潞水通。臨風思無限，雲起暮江東。

與廉伯世賢同至月河寺因餞懋衡、天瑞連日至此。

秋風吹雨淨飛埃，十日東城兩度來。繞院緑陰留客住，一亭紅艷對僧開。芙蓉碉側觀瀾去，苜蓿園西問稼回。有約明朝更携手，望雲同上雨花臺。

過觀音寺和壁上舊日留題

勝地曾容半榻分，當時不厭往來勤。風塵尚識門前路，歲月驚看壁上文。舊屋雕梁空燕壘，古原青草見羊群。西風不盡登樓興，宦況蕭然薄似雲。

元日壽董都督

旌節初離海上營，喜從元日慶長生。函關氣逐東風到，壘壁星連北斗明。射虎不憂雙臂弱，據鞍寧許一身輕。侯門最得春光早，滿進椒花酒數行。

分得荷蕩香風爲周民表評事賦先塋十景

一川雲錦爲誰栽，香觸繁陰掃不開。依約似隨菱唱散，飄揚還近藕船來。青房雨歇遊魚上，翠葆風回宿鷺猜。極目感慈山下路，水花空對夕陽臺。

題倪雲林小景

平生最愛雲林子，雅澹高情非畫史。偶然落筆自可人，不藉丹青布生紙。石田茅屋誰所營，疎篁老木揺春聲。輕綃半幅不盈咫，十里溪山無限情。臨風恍在西湖裏，只欠雙橈蕩湖水。晚潮初落少人行，菱唱依稀月中起。雲林老去今幾年，風物蕭蕭似眼前。焚香閉閣無塵事，願借山堂一榻眠。

黄鶴山樵山水爲楊考功宗器題

黄鶴山樵已仙去，風采惟留畫中趣。幾回把玩欲招呼，海闊天高不知處。但見一亭臨大河，遠峰對面如青螺。孤洲水花晚色淨，疎林落葉秋聲多。少年我憶遊江漢，好山最喜推篷看。邇來寄足塵海中，夢魂長到黄蘆岸。考功家近七閩山，雅懷亦似水雲閒。題詩不盡尊罏興，何日相期解綬還？

偶作寄王用賓太守

侯門不肯禮儒生，年少元戎更不情。此際賀蘭山下路，西風落日檻車行。

偶成

丁香枝上葉初繁，漸覺疎陰過短垣。睡起不知初日午，畫簾風動雀聲喧。

送克儉克寬弟省覲南京

江流不盡弟兄情，此日那堪送汝行。一片離魂收不住，夜來先到石頭城。

二月城南草似煙，二郎齊上木蘭船。江行記取雲飛處，正是愁人白晝眠。

楊柳青青葉尚稀，贈行空有淚沾衣。他時何處添離恨，水國秋風一雁飛。

寧國蔣氏山居四景

竹塢書巢

草玄何處結簷楹，一塢深深竹數莖。子夜天風來谷口，吾伊聲雜翠鸞聲。

梅溪釣艇

雙槳悠悠出岸沙，釣魚人住水西涯。隔溪殘雪春猶淺，時見寒梅一樹花。

丹厓錯薪

紅葉紛紛蔽草萊，不辭提斧斵蒼苔。斵厓斜日無人到，時聽樵歌出磵來。

緑野腴田

茅屋山頭布谷鳴，老人忙起課農耕。不知門外春多少，稻穎青青一望平。

苦熱與汪汝温露坐樹下悵然有懷

赤日行天中，歘若飛火輪。炎光一迴薄，勃勃來蒸人。山雲慘不興，池水枯無津。花枝半憔悴，物色多酸辛。羈懷苦不釋，奈此朱明辰。虚堂敞前楹，敻寂無四隣。古槐蔭庭除，掃地鋪藤茵。冷然生細爽，拂拂清我神。絺裥一揮手，岸此華陽巾。玄蟬起長號，微風動青蘋。世鞅少息肩，忽憶江之濱。園池既瀟灑，竹樹清無塵。念我群從友，欣然奉雙親。整冠自嘆息，悲哉遊子身。

東風解凍應制

去歲都城三尺雪，御水潺潺凍全結。半夜春從地底回，一片凌花煖初裂。春風着水水不知，縠紋澹澹挼清漪。退朝閒步石橋上，流凘半入崑明池。黄柳垂絲拂東岸，蕩潏波心影凌亂。青陽杲杲射圓沙，幾簇魚苗聚還散。太乙東皇隨斗行，韶華拍塞皆春聲。臨流攬勝心獨喜，物色向人如有情。天潢固是得春早，坐想八方春更好。航海番人入貢來，萬里川光淨於掃。

春山雪霽應制

東風夜掃彤雲散，坐見西山倚晴漢。旭日昭回萬玉林，芙蓉百二光凌亂。韶華却在璚島中，玉泉水來如白虹。野人行愛草木潤，飛鳥下顧川原空。乘春騁望登高閣，春意山容兩回薄。天開圖畫繞都城，共喜年初得嘉樂。太平有象樂未央，不用大蒐開獵場。鳳池舊重郢人曲，陽春白雪成新章。極目崔嵬動遐想，山下遊車護來往。滿前物色總宜人，細麥青青更堪賞。

癸巳日長至與世賢太史陪祀山陵往反得律詩十首

沙河道中用廉伯贈行韻

冷吹摶沙没草萊，日高陰色未全開。人穿敗葉林中去，路指荒城盡處回。旅舍晨炊供熟黍。譙樓晚角弄殘梅。五年不識風塵苦，兩度叨陪李賀來。

宿昌平再用前韻

暫停飢馬啄荒萊，寒入重衾手倦開。殘雪夜驚雙磵合，鮮飈晨送一陽回。前村野色催行李，何處歌聲調落梅。明發園陵天尺五，溪山應識我重來。

度東山嶺

石橋駐馬問田翁，一塢深深隔樹東。帝子閣前沙似粟，野神祠下路如弓。疎松古磵風微動，細草陰厓雪半融。回望紅塵才數里，不知身在亂山中。

用世賢韻

東山嶺上凍雲重，落木寒山有虎蹤。薄宦征行非漢使，老農歌頌似堯封。沙痕曳白縈枯葦，日脚垂紅透曲松。短策羸驂驅不進，濫騎安得馬如龍。

齋所用世賢韻

齋居門對此山幽，且拂枯枰角兩籌。百里風塵勞法從，四陵雲氣想宸遊。官奴識路行篝火，客子凌寒坐擁裯。不盡往來分榻意，遣情時藉管城侯。

再用廉伯韻

旋擁山爐爇斷萊，疎欞正對土牀開。女墻月上催詩就，寢樹風殘約夢回。雪後弊衾寒似鐵，病來吟骨瘦於梅。空山露下人蹤滅，忽聽鈴聲枕畔來。

謁陵用東山嶺詩韻

十年如夢漆園翁，兩度西陵更向東。先帝未歸黃澤馬，小臣徒抱鼎湖弓。明樓霧氣寒初散，御沼冰花煖欲融。想得宸遊應戀此，靈輿來下月明中。

再用廉伯韻

野樵誰敢斲蒿萊，翠栢陰中兆域開。鵷序衣冠晨拜舞，龍宫星斗夜昭回。宣章道士聲如鶴，守影中人髮似梅。禮罷不須燈火伴，聯鑣乘月下山來。

土城懷古再用世賢韻

廢堞荒涼水色幽，昔人曾此夜傳籌。西風不見龍鑾過，斜日空餘鹿豕遊。行旅似聞吹曉角，直更誰復抱寒裯。興亡總逐浮塵散，輸却青山一醉侯。

入城與世賢别仍用其韻

曉過荒城望九重，馬蹄偏識舊行蹤。河山沃野圍京界，煙火連村别縣封。露氣漸消雙鳳闕，日華先上萬年松。城門暫與君相别，還約聯珂覲六龍。

輓西安王太守父守金華，子守安慶，卷首有張東海題。

太守王公家太行，埋玉雖久聲琅琅。我觀東海筆循吏，生色澹淹如登堂。公初作官不擇禄，海上二州成善俗。後來坐治海豐城，百姓至今猶聚哭。西安大郡稱關中，賢守只云王海豐。當時去思耿未已，棠陰白草悲秋蟲。人言仕學皆前定，陰功不似公家盛。三世相傳五馬符，前有金華後安慶。安慶高文如乃公，不久報政蓬萊宫。璽書錦袍還舊物，墟里一日生春風。我憶王公渺何處，遺澤不隨漳水去。觀風使者問先賢，認取庭前古槐樹。

題陳憲章梅花

燕南雪花大如掌，點綴枯槎夜深響。悵然忽思羌笛聲，恨不西湖撥雙槳。趙君喜走江南村，曉持寫真來扣門。小堂虛白凛相對，便覺生意回孤根。朔風飄蕭天色冷，的是當時湖上景。摩挲欲掃樹間苔，舒卷愁翻月中影。君家仙子真風流，一醉曾賒紫綺裘。羅浮山下作春夢，素娥執手增離憂。聞君跨馬山陽去，驛路還應得奇遇。逢人寄取折枝來，莫忘西齋賦詩處。

京師大雪，三日未已，予時獨坐槎山小處，意殊灑然。適趙中美將歸淮南，以陳憲章梅花求題，因走筆賦長詩一首。詩尾引趙師雄夢梅事，蓋以著梅爲君家物耳。

甲午六月廿二日聞四龍掛空中大雨

迅雷殷殷聲動地，一陣靈風送陰氣。忽見四龍垂半空，頭角猶在烏雲中。三龍蜿蜒只摇尾，一龍爪欲翻海水。須臾分向東西行，大雨颯颯如盆傾。奇觀最是神龍變，卧病空床不相見。坐聞客語心茫然，所翁之圖人浪傳。

盆池蓮盛開

盆池荷葉似人長，菡萏開成品字妝。無奈一春離思苦，賞心空負碧筩香。

夏月坐柰子樹下

散髮蕭然坐月中，庭柯移影上簾櫳。棲禽何事驚飛起，熟果因風墜軟紅。

寄坦姪

一從相別潞河頭，回首風光已暮秋。知汝近來應念我，等閒誰伴竹林遊。

月夜小飲李符臺家

緑槐庭下動秋風，草酌相看一笑同。久坐不知更漏永，月輪飛上屋山東。

桃源圖詩

建寧邑令汪文焕既卒，其子良佐奉葬縣之桃源，且繪爲圖以致哀慕之意。予感其事。爲集古詩一章，并以勉其孫之爲諸生者。

冬青之木鬱葱葱楊廉夫，日落水流西復東杜牧之。歲歲年年人不同劉希夷，桃花依舊笑春風崔護。百年廢興增嘆慨張文潛，落紅萬點愁如海秦少游。今年花勝去年紅歐陽公，明年花開復誰在劉希夷。可惜落花君莫掃岑參，孤芳轉盼同衰草秦少游。對此如何不淚垂白樂天，十年花送佳人老蘇東坡。志士幽人莫怨嗟杜工部，看到子孫能幾家杜牧之。寸根千里不易到蘇東坡，留種河陽一縣花瞿宗吉。

輓丘時雍太守父暉庵先生

家住番水上，從軍向遼陽。代父遠行役，日寓刁斗傍。時陳俎豆容，絶學驚殊方。坐令先軫徒，摳衣進中堂。歸來迫遲莫，喜有名家郎。封君謝王寵，居然事冠裳。春陽澹暉暉，顔色忽已藏。人生首丘願，浪蹤安可常。偉哉全歸子，宿草今蒼涼。我欲奠雞絮，渺渺川途長。

夏至日雨病中喜二弟來自南京

亢陽苦作厲，人物皆昏如。兹辰一陰生，況與甘霖俱。燔燄忽已掃，清氣回堪輿。我方病炎熱，展轉無寧居。得此若新濯，灑灑心情舒。依約小牀潤，點射明窗虚。況我同袍子，千里來寧予。雁行夜聯榻，咫尺庭中隅。琅琅語頗聞，喜今到吾廬。伏枕聽簷滴，漏下二鼓餘。蘇、韋有故事，莫惜花箋書。

卧病

半生多病裏，天不庇窮儒。藥有尋方苦，錢無賣俸餘。暗消閒歲月，久廢舊時書。却幸身長在，愁懷且破除。

「半生多病裏，天不庇窮儒」兩句是骨子。「藥有尋方苦」一句貼「多病」字，「錢無賣俸餘」一句貼「窮」字，「暗消閒歲月」一句貼「半生」字，「久廢舊時書」一句貼「儒」字。「却幸身長在，愁懷且破除」兩句，又以見天終庇之之意，而用以自喜慰也。大抵作詩，不可全拘此律，亦不可不存此意。若全不相照應，如散沙相似，亦何足爲詩。因吾弟初學此，故一言之。然予作實淺陋不足師也。

病中不寐簡仲弟

病中愁不寐，起坐聽傳籌。揀藥求新效，敲棋想舊遊。月明窗向曉，雨過簟生秋。獨喜王孫草，池塘緑似油。

病中喜雨簡季弟

病中身貯火，夜覺雨鳴階。厲氣潛收障，清風細入懷。池翻疑倒海，簷瀑似飛厓。咫尺齋居子，欹牀有句諧。

聞南都新開池館之勝漫摘坦姪二屬對成詩二章

一川新綠板橋通，更起盆亭着鏡中。杜曲兒孫供酒醆，謝家兄弟走詩筩。草鞵半濕莎庭露，蒲扇輕回竹埭風。勝日無因陪勝賞，只憑春夢到江東。

別業新開水竹居，遊塵全不到庭除。楝花臺榭聞幽鳥，荻草盆池種小魚。翁醉不勞方竹引，客吟多借古藤書。何時罷直金華省，日日江頭奉板輿。

送同年友張天瑞之陝西參議

瀛洲同會舊諸生，分省西秦重此行。河上未收胡地馬，關中猶駐漢家兵。窮秋轉餉多民隱，聖代旬宣屬老成。不負平生憂國志，按圖先問受降城。

西防之策凡三變。初據河北以守受降城，而胡馬不敢南牧。後舍之而守東勝矣，守東勝已失三面之險，然黄河形勢猶與虜共。今舍之而守延綏矣，夫延綏無險可恃，故虜得全據大河以南臨關、陝，譬如猛虎蹲于人之户外，其有能安寢以爲宴然無事者？非狂即愚也！凡出守西土者，僕未嘗不以是告之，而況同年交好如天瑞者，能不致愛助之意乎？轉餉頻興，民力竭矣，天瑞尚勿以腰金爲榮，而以爲懼。成化癸巳七月望新安程敏政識。

送陸司寇先生致仕還四明

先生韋布到公卿，更向清時取令名。兩鬢曉霜辭魏闕，一帆春雨下鄞城。耆英自合當人望，勳業都留與世評。歸去不愁朋輩少，鑑湖煙水足鷗盟。杖履相從不厭頻，通家惟我最情親。雙蓮約賦池中瑞，一果親頒席上珍。喜箇鵷行隨步武，忍從鯨海送歸人？臨岐忽記當時事，轉眼風光十二春。

天順中，先生與家君同僚。壬午之夏，走家蓮開並蒂，先生約同官者賦詩以爲走中舉之兆。明年，刑部後圃諸果樹盡一春無着花者，獨蘋婆樹結一果，其大如盃，先生復折簡來餽，以爲走登科之兆。其後皆如先生言。今先生歸矣，謹著之詩中，志不敢忘也。

立秋日雨

涼風颯然至，疎簾覺秋生。炎熇一揮掃，蟋蟀階下鳴。玄髮能幾時，寒暑相代更。感之卧復起，彷徨步前楹。微風動衣袂，肅肅天宇清。帝鄉豈不好，親舍難爲情。反坐念歸計，躑躅東方明。

秋日病中

我本山澤臞，不奈塵事擾。趨朝與僕直，長時失昏曉。況此疾侵尋，藥裹詎能了。頽然卧一榻，頗似安巢鳥。衷腸雜雲亂，苦恨知者少。推窗一延佇，黄葉墜林杪。寒蟬固切切，砧韻亦裊裊。羈懷苦難釋，所思在江表。何時促歸裝，天長塞鴻杳。

卧病七旬方起試筆作字適世賢有詩見慰依韻奉酬

獨卧空房思有餘，茂陵憔悴舊相如。病來自覺逢迎倦，客至從嗔禮法疎。風約黄塵凝硯沼，雨催青草上堦除。讀君詩罷還成句，㯻筆藤箋試手初。

病中夜試新茶簡二弟戲用建除體

建溪新茗如環鈎，土人食之除百憂。呼童滿注雪乳脚，使我坐失平生愁。朝來定與兩難弟，執手共淪青甆甌。腹稿已破五千卷，舉身恨不登危樓。玉川成仙幾百載，清氣渺渺散不收。典衣開懷只沽酒，閉門却笑長安遊。

送江淮衛知事沈德

沈君家住錢塘縣，自小從師學書劍。一朝隨牒上京師，總託青油幕中彦。此時正伐西南夷，尚書帳前多虎貔。君來跨馬作從事，不怕羽檄如星馳。凱旋北闕方行賞，元戎再入東西廣。載筆先須揀俊才，屬櫜又復辭天仗。碣來元戎罷遠征，却總江淮漕運兵。轅門案牘分曹署，巨艦旌旄作隊行。君在軍中不貪利，學取漢朝清白吏。主人喜是平江孫，佐史還推隱侯裔。手提長鋏漫空彈，一榻恒依大將壇。半生飽識從軍樂，八品甘爲寄禄官。莫惜青衫留滯久，老大功名須到手。殷勤我是尚書郎，送別旗亭重回首。

題牛次人韻

已銷金甲事春濃，無復全齊火戰功。惟有牧兒相伴在，一山桃樹半溪風。

題小景畫

亂石溪聲到處聞，疎林山色望中分。幽人已逐移文去，閒却茅亭一段雲。

題梅送朱伯承都運赴兩浙

不須持酒酹花神，此去西湖正及春。一樹官梅應待久，知君才是作羹人。

恩壽堂壽張給事本謙乃尊教授致政先生夫婦受封

可是名門積至誠，雙親偕老向雲巖。庭前椿樹堅持久，堂北諼花迥出凡。振鐸清風傳矩度，採蘋高韻協英咸。階除脱穎蘭初茁，窗下抽榮草不芟。驥子入官青瑣禁，龍章遥拜紫泥緘。碧闈焕錫安人號，錦軸新題給事銜。綽楔下臨涪水秀，華堂高對蜀峰巉。瓊漿獻壽稱金斝，彩幣將誠出寶函。南現老人朝馭鶴，西來王母夜乘巖。簪頭送喜蛛絲巧，檣半留人燕語喃。一日恩光浮院宇，四時佳氣動松杉。仙家宴好圖中繪，頌客文宜石上劖。況是夕郎歸慶處，薰風雨露滿征帆。

長至後二日山陵陪祀回適有詔修宋元二史綱目不肖濫預率爾賦此

曉别園陵入覲來，編摩誰意及凡材。鵷班未放天墀散，鳳勅先從史院開。朱墨兩函藏秘省，是非千古在靈臺。叨陪敢繼春秋筆，予奪還應取聖裁。

成化癸巳臘月十日予生蓋三十年矣適有史事不克歸省悵然有懷謹步韻家君守壽詩一章録似克儉克寬二弟

漸愁華髮鏡中生，三十年來數賤庚。未拂朝衣慚戲綵，每霑宮醞想遺羹。傳聲自願如春好，守訓何妨似水清。忽記夜深芸閣夢，渡江稱壽最分明。

「戲綵」、「遺羹」皆思親事，然「綵」與「朝衣」相應，「羹」與「宮醞」相應，方不偏枯。崔玄暐云：「兒子遊宦，有人云貧乏不能存，此是好消息，若貲貨充溢，乃是惡消息。」此「好」

字之本也。魏武帝問胡威曰：「卿與父孰清？」威對曰：「臣父清惟恐人知，臣清惟恐人不知。」此「清」字之本也。大抵作詩不可草草，觀者亦然。因管城子使，聊與吾弟一言之。

送趙良輔南遊

冬雨三日泥不乾，一夜朔風吹苦寒。壯遊喜君正年少，何懼悠悠行路難。城隅木葉已盡脱，曉鐘滿地催征鞍。丈夫出門即萬里，對酒不用歌悲懽。君之兩娣各遠適，三衢、白下長眉攢。天、淮去住忽相見，一笑頓使羈懷寬。江南勝處亦可賞，吴山楚水多奇觀。人生浪跡且行樂，長劍臨風時一彈。歸來定是隔年事，三月春城花未殘。白下之郎予季弟，煩君致語多加餐。近來聞説已勝我，文辭筆下驅波瀾。蹇予苦被塵鞅縛，十度見月空團圞。送君不盡遠遊興，悔作東頭供奉官。

新居夏夜

雨餘風起月如霜，白苧衣輕怯晚涼。夜半呼童移席過，小樓簷下設胡牀。

偶成

細竹編籬護老槎，石盆新水淨無沙。繁枝嫩葉青如剪，時見荼蘼放一花。

輓朱維吉

一卧幽軒夢不回，獨遺寒月照疎梅。夜深風露蕭蕭下，恐有吟魂跨鶴來。
磐石山前土一坯，幾株喬木帶寒流。明明「孝義」題碑碣，莫爲時名弔奕秋。

送廉伯陪祀山陵

奉祀仙陵第幾番，又隨香帛薦中元。馬穿碧樹知神路，人立青峰見寢園。珮影夜聯東壁序，鈴聲秋動北辰垣。歸途正及西成近，黍稷屯雲遍野原。

送曲阜孔知縣

奉檄初登子賤臺，素王家世不凡材。詩、書魯壁新弦誦，井牧尼山舊草萊。簾幕晝垂公署散，盤盂春薦享堂開。暇時還約賢宗子，共掃奎文石上苔。

送克儉克寬二弟南歸

執手蕭然驛路隅，西風黄葉滿征車。來分姜被情無限，去着萊衣樂有餘。丹穴暫棲垂翅鳳，滄溟終起化龍魚。少年一第元非幸，努力平生萬卷書。

武昌太守行送秦廷韶考最南還

巍巍武昌城，屹立江漢隅，中有太守專城居。太守北來江水寒，正直不憂行路難。太守南歸春已老，一道懽聲動魚鳥。武昌城中官長多，能事不受相撝訶。終歲足魚米，父老歌透迤。人言太守能賦詩，太守不似元微之。江城坐治已閒暇，一篇往往傳京師。古來儒吏亦何有，今見風流武昌守。相逢一别會何時，目送飛鴻過樊口。

題宗人愈大上舍所藏白描風荷圖

鏡湖水光如匹練，一霎回風舞團扇。馮夷乍起水晶宫，仙子齊勻鏡中面。凌波徙倚欲傾城，澤荇渚蒲如有情。素葯摇香白鷺下，青房墮影遊魚驚。落手湘雲半舒卷，晚色亭亭淨於剪。五侯池館春闌珊，耻共鉛華鬭深淺。

浙江參議盧君雍葬其父愛竹君于櫪山廬于墓左産芝十二莖其婿編脩倪君岳求予詩

老人開軒舊愛竹，令子廬墓新生芝。歲寒節操凛未已，三春和氣鍾於斯。土屋深深櫪山底，十二天然朶雲蕋。孤絶難同衆草芳，色映薇花照江水。回望謝庭花滿煙，兒孫玉立如芝妍。古人孝感非浪語，至性由來天所憐。

讀宋史

太祖

黄袍那得便加身，禪詔由來宿搆新。地下董狐招不起，誰將心事許三臣。
亂離初見武功成，掌上河東未足平。開寶八年歸正統，至公書法愛徐生。

太宗

野録山僧本好奇，是誰删潤轉生疑。由來授受分明處，涑水先生却備知。
金匱盟寒固可哀，何緣推出殺心來。斧聲燭影都無謂，勝國諸公有史才。

成化甲午冬十二月廿一日祈雪齋居適吴興沈用賓寓宿公署分韻得西字

寓公清致本苕溪，借榻三回聽曉雞。出韻令嚴詩律險，彈棋人倦子聲低。清齋坐合金蘭契，法從班聯玉筍齊。雅集又成新故事，獨憐才愧庾安西。

借前韻求用賓作晴洲小景

十年相見掖垣西，聯句無才續鬭雞。卷裏法書多魏、晉，圖中山色似青、齊。莎庭鶩鶴霜初下，茗碗留人月易低。肯與家林揮健筆？不辭新絹買鵝溪。

齋居喜雪聯句

夜寒集疎霰鉞，歲暮呈嘉祥。天心重昭格簡，民事期豐穰。齋誠達宵旰岳，祀出排緗黄。同袍此共宿敏政，旅夕能相忘？憑簷俯輕颺鉞，引燭驚微光。嚴城漏聲寂簡，小閣爐烟翔。簌簌墮庭戺岳，霏霏闖堂皇敏政。縈空轉飄撇，亞風隨低昂岳。乍翻燕山席，陡溢韓軍囊簡。剪裁謝新巧岳，塗抹羞妍粧敏政。同出聯祖禰，分飛忽參商。蠶繅散績室，舞袂投東房鉞。輝增氅衣淨，爽激鑾鈴鏘。長河飫堅腹敏政，斷嶺横截肪。隍穽夷險一鉞，羃野東西相簡。雅棲驚欹仄，鳥篆餘偏傍敏政。疎影落高樹簡，清威折幽篁岳。雀困餘粒絶，兔窮數罝張。委逕没樵屐，迴洲膠漁航傑。望失遠山色岳，坐想千林芳敏政。先春奪造化，異境開鴻荒。潛陽地中復簡，宿沴物外藏。餘孽息螯螣，庶徵宜粢粱岳。樓居足酣眺，市卧憐飢僵。窗虚氣逾肅敏政，景絶詩能當鈇。雲英幻無蔕敏政，水種空傳香鈇。槎通漢渚近簡，賦擅梁園長岳。闞戍肌欲皴，田畯樂未央簡。沛澤浹穹壤，至治歸明良岳。竹宫怡聖情，詞垣紀篇章鈇。邈哉繼雲漢簡，大慶垂無疆敏政。

成化丙申歲臘月十日，倪侍讀舜咨、程侍講克勤、陸修撰鼎儀、陸編修廉伯同以禱雪致齋于翰林之東署，是夜雪大作，遂用歐公禁體故事，相與鬮韻聯句以志喜。鈎奇競勝，達旦弗能休。時所得尚富，澄汰僅存此。次晚出以見示，復分二韻，俾予竄入之，且誌于後云。李傑世賢書。

焚香聯句

齋夜對爐詠，兹謀出于僉泰。旃檀爇幽眇，棐几增芳嚴鈇。瑰材藉珍重，烈勢防太炎簡。遠聞覺逾勝，默叩如有占傑。片雲陡驚散，一星欻疑燂岳。口浥曹溪流，耳割崑崙尖敏政。氤氳燭映屏，縹緲風回檐泰。坳深隱金粟，火裉委紅鹽鈇。芸憐書蠹辟，麝恐庭花嫌簡。當窗噴寶鴨，隔研縈銅蟾傑。晼蘭格調絶，閣梅風味添岳。情通一瓣夐，劑許百和兼敏政。循牀襲青綾，拂卷凝湘縑泰。輸情已繩直，遜意仍蛟潛鈇。咀華厭雞舌，采沫嬰龍髯敏簡。籠煙袖雙握，撥地匕屨拈傑。氣合愜俱化，心躭懼非廉岳。繼美薦奇印，留芳下重簾敏政。甲暖螺蜕腥，班銷鶴歸燖泰。寧爲羃廣展，不作吹輕纖鈇。春原得孤嗔，曉殿思遥瞻簡。透隙忽已駛，入虛澹相淹傑。升騰各登鼎，瑣碎或在奩岳。妙遺董穢屏，馨達神明忺敏政。終陪畫省直，不受歌塵黏泰。薄温變寒室，長力窮宵籤鈇。靜喜日照席，深宜私覆簷簡。非同火山熾，何憂木天黔傑。吟鼻詎堪擁，德芬方共厭岳。燕寂未經宿，呼童惜餘甜敏政。

成化丁酉正月八日齋居，焚香清寂之際，相與書三十韻，次第拈押以遺夜懷。既成，俾予各録一通。時與者六人，太倉張亨父、陸鼎儀，毗陵陸廉伯，海虞李世賢，新安程克勤云，錢塘倪岳舜咨題。

篁墩程先生文集卷六十四

詩

遊月河寺次韻顧光禄時送張廷璽郎中還南京。

空門坐隔河，風柳扇微和。曉色城頭盡，春聲水上多。過墻燕市酒，倚席渭城歌。不盡遊人興，詩慳可奈何。

一徑曲通河，經春土脈和。破籬編葦密，老圃種花多。惠遠還能笑，昌黎不解歌。題名人半老，莫更問誰何。

挽金陵倪處士侍郎謙之族人，李太常作志。

家住修文巷，俄然夢不醒。譜通宗伯系，塚勒太常銘。猗頓千金産，童烏一卷經。不堪人墮淚，擇葬近新亭。

鏡中偶見白鬚時年三十。

曉起掀髯笑不梳，鏡中霜到一莖初。他鄉轉覺官無用，半世空驚病有餘。閒處欲尋支遁語，老來思共阿咸居。平安獨喜南鴻便，一月常收兩度書。

成化乙未廷試受卷紀事有作

大廷多士若雲屯，入對從容感至尊。新雨過城開曉霽，好風吹柳散春温。尚方絡繹來珍饌，中使催呼鎖禁門。回首十年如夢裏，傳臚當日愧蒙恩。

文華清禁接詞林，閲卷親勞法駕臨。黄紙墨痕春淡淡，紫垣鍾漏午沉沉。風雲此日開文運，忠孝何人契主心。今夜禮曹還賜燭，早隨冠冕聽綸音。

壽靈臺郎吴英母九十

暖風開讌敞雲屏，慈壽從今數百齡。盤誥紫鸞恩浩蕩，傳書青鳥意叮嚀。北堂秀發宜男草，南極光躔婺女星。莫對絳人提甲子，五官聲價重堯庭。

夜夢家君曉起得家書時家君已得請還鄉

夢接庭闈語未闌，曉來南雁寄書還。平安字抵千金價，晚節功成九仞山。竊禄尚堪供薄養，遠遊何日奉尊顔。遥知兩弟稱觴處，綵服應留一副閒。

瓊島春雲應制

五色氤氲曉未開，一春長遶玉峰來。成祥頃刻非無意，行雨分明是有才。御氣遠通花蕚殿，靈根偏護栢梁臺。望中忽感從龍念，恐有遺賢在草萊。

季弟克寬來京師適當端午西湖南海之蓮尚未有花而予家盆池特出二蕚化工之巧有若爲予兩人者設耳克寬南行有期輒用開讌以酹花因思予在西城時此花亦於五月盛開司寇陸公輩各賦一詩以爲予中舉之徵其後果然今十四年矣故詩及之

誰家端午看芙蕖，蝸舍風光似有餘。苒苒紅苞初半折，田田青傘未全舒。酒籌暗合愁新別，詩讖先徵憶舊居。莫忘弟兄携手處，一簾花雨濕征裾。

次韻羅明仲太史中元謁陵僕三度謁陵皆以冬至又兩與李世賢太史行

陪祀頻煩下紫清，冒寒長記舊經行。風生古堠驚鴉宿，月滿荒城聽馬鳴。花鳥送君今口路，溪山回首隔年情。道傍老壁題詩處，定有居人説李、程。

送户部吴廷憲主事赴廣西提學僉事得文字

泛泛濯錦江，産材多好文。就中吴季子，壯歲迥不群。久簉司徒班，薦書新上聞。朝廷重興學，簡命恩禮勤。乘驄過梅嶺，持節開江氛。念子掌邦教，此職固所欣。都門時雨晴，岐路東西分。嶠外豈無士，成之在陶薰。時名愧葩藻，實學須典墳。典墳首群行，古聖非徒云。行行志方健，寧肯上負君。三歲諒有期，遲子來策勳。

送袁士鎣太守考績還淮安得童字

淮陽今大府，南北舟車通。上官絡繹至，卧治將無功。使君東南來，瘦馬從一童。績成奏天子，出門歲將窮。君本法曹郎，皎皎百鍊銅。坐令郡訟稀，風化千里同。勸君一巵酒，美政貴保終。不見古循吏，名與長淮東。

洞黄詞挽黄尚斌先生職方彦俊之父，文選孔昭之祖。

洞黄何逶迤，遠在天台間。壁立千芙蓉，四顧相回環。緬思洞中人，一去何當還。平生讀書處，松檜不改顔。兒孫日以長，濟濟通朝班。孰識巖棲翁，高名配兹山。我歌洞黄詞，悵望春闌珊。生芻杳莫致，浙水東潺潺。

大病不寐

月西窗正黑，天色向黎明。坐數傳籌者，沉沉殺五更。

又

溽暑人如醉，昏昏一病身。如何三五夜，番作獨醒人。

陸廉伯太史家賞蓮得天字

小院涼生雨後天，一尊同賞甃池蓮。散花曉日來天女，步月清宵見水仙。坐客不辭浮白令，主人何惜買紅錢。興來忍折芳筩盡，回首風光又隔年。是日主人以綵繒纏荷柄，故詩及之。

八月一日丁祀夜作有懷彭文憲公

半夜奎星光燭天，諸生雲擁戟門前。閒階露下聽更坐，别院人稀借榻眠。燈亂衣冠松外轉，風清絲竹殿中傳。西湖故老今何許，分𨛁叨陪記往年。

賀高揮使生子

錦棚香襲舊征袍，轉覺王孫甲第高。喜氣鎮浮三日迴，啼聲渾似五陵豪。四筵湯餅朝開讌，左户桑蓬夜屬櫜。已是他年真將種，殷勤傳付吕虔刀。

送耿司業先生省親還河南

垂白萱親在北堂，喜承恩詔趣歸裝。秋容黯淡辭都下，曉夢依稀見洛陽。萊子舊衣增刺繡，陽城新例有封章。疎庸濫逐門生後，駐馬離亭盡一觴。

文淵閣大學士彭先生哀輓

廊廟憂深病亦深，西風庭木動悲吟。文星一殞嗟何極，哀詔頻頒似不禁。三館尚聞修宋史，八方空復望商霖。平生忠孝封章在，不負先皇策士心。

乙未十一月十六日長至有感白鬢又添一莖。

吟鬢再見一莖霜，愁思應隨一線長。月色也從今夜減，酒懷争似少年狂。海榴漫説偏多子，喬木誰憐隔異鄉。好是浮名歸未得，十年辛苦尚爲郎。

尹亞卿家飲散用韻二首一讀景帝謚議一謝盛筵

天賦宗賢撥亂才，八方威命響新雷。袞衣立受東朝命，玉輦迎從北地來。九廟有靈知孝友，百年無力報奸回。今皇盛德嗟何極，一紙虹光燭夜臺。右讀謚議。

勝日叨陪玉署才，綺筵簫鼓沸晴雷。宫壺尚足傳盃用，堂食初分入饌來。拂座面驚春色動，聯鑣身帶夕陽回。題詩欲盡留連意，長句無能效栢臺。右謝盛筵。

臘月念八日得仲弟克儉南京書季弟克寬杭州書報家君已至徽州

兩回家信一時聞，北雁如何久離群。同氣影隨三處月，老親身卧萬山雲。懷歸有約多成夢，竊禄無才可報君。學業半荒鬢漸白，愁顔消得付餘醺。

燕都石鼓題廣人黄瑛江湖勝覽卷

岐陽埋没草離離，汴省燕都嘆屢移。一代文章存鳥跡，百年風雨蝕鼉皮。摩挲尚識宗周器，題跋誰鐫蒙古辭。却愛勝遊黄叔度，孔庭懷古立多時。

白雲深處爲天台趙時暉賦

幽人卜築嫌山淺，直入雲山十二重。傍岸野樵多失路，隔林溪碓遠聞舂。衣裳露宿嵐光冷，書畫晴蒸海氣濃。極目爲君思鴈蕩，爛銀舒卷正溶溶。

朔州行送王汝璧太守述職西還

朔州城頭塞雲結，朔州城下沙如雪。赫連古戍白草枯，一路角聲吹不歇。居民半是防秋兵，十里五里屯軍營。偏師夜坐烽火息，飛輓小兒歌太平。王郎家世本靈武，明目張髯氣如虎。羽林驕將不敢欺，磧裏人耕好田土。窮州十年多苦辛，奉檄東來覲紫宸。長官知名聖君喜，邊吏有才能幾人。遥遥朔州城，勸子一巵酒，馬蹄明朝向山後。女墻孤月重相思，定倚危樓望南斗。

成化乙未元夕觀燈應制

萬歲山頭春月圓，萬歲山下霏祥煙。蓮花漏水盡一刻，火樹百枝光燭天。條風東來送新暖，低颺星裘動黃纖。九重金闕倚岧嶤，四面紅雲簇簫管。慈闈更欲親承歡，綵棚十丈空中攢。隨山移仗不知曉，應制還催供奉官。五朝故事傳來久，樂與民同上元酒。想像先皇得衆心，尚有燈詞播人口。太平喜是百載過，邊燧不驚天氣和。古來張弛皆有道，賞心一日非爲多。

十二月十三日大雪

北風吹晴無片雪，老農戚戚生窮悲。土中細麥乾欲死，方士結壇徒爾爲。殘年一雪萬人喜，天子憂勤天與之。長安貧者死莫恨，記取當初望雪時。

挽薛節婦監察御史爲學之祖母。

薛家賢節母，身住滆湖村。老去霜春面，歸來月夜魂。孤鴻難再偶，慈竹自添孫。不負生前恨，金書照里門。

卜築

頻年生計拙，辛苦又移家。未到新庭院，遥憐舊月華。時名只人後，歸夢幾天涯。銀漢猶明没，因風欲汎槎。

著存堂爲吴節參政賦

悠悠三十載，一飰不忘親。推枕猶疑夢，登堂若見人。海桑初隔世，風木幾傷神。要識全歸意，平生在立身。

雨後絶句示小女

天井無沙潦水空，臨流一樹石榴紅。女郎學語驚相報，幾辧臙脂落鏡中。

題姜廷憲中書小景畫

雨落山前雙樹村，石溪流水帶沙渾。野人赤脚如歸鳥，不怕春泥半擁門。

哭坦姪二首

兩地驚心最可憐，别來長夢抱兒眠。豈知一段青雲器，只向人間住八年。

慟指蒼天淚兩垂，海枯難盡竹林悲。牀頭幾卷殘書册，一世辛勤付與誰。

送徽州謝同知伯儀慶賀建儲禮成南還

郡紱驅馳不憚勞，又驚飛絮點歸舠。八方共喜前星耀，千里回看北斗高。闕下省臺通姓字，山中城郭候旌旄。因君不盡東南望，一片鄉心折大刀。

丙申郊祀齋居次陸廉伯太史韻

東風吹冷襲虛襟，芸閣西頭接羽林。上界疎鍾清客夢，廣庭明月空齋心。回鸞舊壁題名遍，轉覺微官閱歲深。此夕圜丘天尺五，擁衾時聽屬車音。

露下虛庭月滿襟，仰看殘雪罥疎林。久叨禁直隨班尾，共誓齋明協帝心。三宿夜分蓮漏永，一年春到竹宮深。題詩欲繼雲間陸，蟬噪終慚海鶴音。

次謝鳴治侍講韻

井烏聲與柝聲兼，閣道頻將斗柄瞻。郊壇禮神春奠玉，齋宮清蹕夜傳籤。月中曉色鶯先白，雪後寒威覺倍嚴。三日清齋無一事，水沉時向竹爐添。

慶成宴與明中舜咨聯句和韻

賜筵初及試燈時，一日風雲會殿墀。天静漏傳金箭迴，曉寒春上玉顔遲。羽林扈蹕環千騎，宗伯垂紳正九儀。胡越一家同獻壽，八方誰道路多岐。

送刑部郎中陳德修還南京用張汝弼駕部韻

旗亭柳樹拂頽墻，祖席朝來掃半堂。廿載不知遊宦久，一春偏覺送人忙。東風似與歸途便，流水何如别意長。執手難留陳仲子，錦帆回首正高張。

送薛志淵御史隨都憲原公處置荆襄志淵舊嘗巡按其地〔一〕

聖主臨朝重拊循，襄、樊行幕繡衣新。一方喜入皇圖遠，十載愁聽捷奏頻。好計公田收菽粟，旋分官府闢荆榛。土人半識招安使，馬首山川屬舊巡。

廣人黄昊久客于外夜夢二親自寫其像號其堂永思其父嘗爲主簿

細草雙墳隔幾春，天涯回首淚沾巾。凄凉死别空成夢，想象生容自寫真。嶺嶠飛雲時出岫，滄溟流水任揚塵。傷心莫遣成衰落，不負庭闈在立身。

錢塘沈德自成化丁亥以來從家君征川貴山都掌之夷又從平江伯出鎮兩廣總督漕運清謹之操三度如一家君薦之始自從事爲選人平江凡七薦之乃自江淮衛知事改隸通政司於是薦紳君子無不嘉君之能獲乎二公也拜命言旋賦詩以贈

曾從川、廣着征袍，又辟江、淮督餫艘。舊業耻緣行槖富，新名多逐薦書高。銀臺已换簪紳貴，玉帳應酬案牘勞。莫爲官成心便得，十年恩澤慶難遭。

三月十七同日得王貢士寄來休寧臘月書馬亞卿寄來南京二月書

客邸瞻雲思有餘，忽傳門外送雙魚。正當南北相望處，連得春冬兩季書。千里開緘如面對，一番披讀即眉舒。年來轉覺歸期緩，日日經幃候起居。

送蜀士趙顯章赴澠池訓導池學有曹端先生祠。

薰風吹路鐸聲清，行李飄蕭出帝城。洛士自今霑化雨，川人從昔有文名。崤、函地接關、河便，秦、趙臺危草樹平。爨舍有刑知尚在，好將蘋藻薦曹生。

送克寬弟南還至茶庵獨歸

垂野陰雲一望迷，送行愁問路東西。不知幾日黃梅雨，門外青泥没馬蹄。

賞心已負一年春，野寺重來別恨新。酒盡沙頭催上馬，斷堤新草獨歸人。

一徑棠花照水開，可憐新病廢啣盃。早知別淚多如雨，悔不臨岐盡醉來。

題劉廷問舍人所藏夏仲昭太常晴雨二竹

太常醉搦紫宣毫，不寫李王金錯刀。閣舍朝回卷簾處，楚江風雨戰秋濤。
舊宅依稀練水傍，古墩幽竹自成行。披圖却似身重到，刺眼翛翛鳳尾長。

送奎文閣典籍許節之東歸

寧陽許君節之，故閣老道中先生之中子，仕爲奎文閣典籍，博雅好文，克世其學，見重于孔林者，久矣。成化丁酉上京師，以其先人卹典未備，告諸朝，獲有尚書之贈。又於今閣老壽光劉先生締姻好焉。君既上顯其親，下成其子，將納禄于吏部，浩然東歸。劉公子鎡請予言道其行。予嘗執經壽光館下，樂其人，爲賦古詩一章。

東山舊名家，文章羨之子。先人國鉅公，勳德藏太史。當年受推薦，簪紱升孔堂。日坐圖書府，上應東壁光。朅來走京師，奏書析帝寵。南宫下新制，煒煒賁丘壟。還思畢婚嫁，館甥得劉郎。官途凡幾月，冰玉相扶將。人生天地間，亢宗似君少。塵鞅不可羈，拂袖一何早。薰風日夕至，滿路飛楊花。都門戒晨發，祖席臨水涯。心知共月明，千里一回首。良晤詎可期，屬酒爲君壽。

送户部石宗海員外赴四川提學僉事宗海予同年嘗爲翰林庶吉士

徂徠家學未應蕪，喜奉新恩向蜀都。覺舍威聲思按察，玉堂丰采重司徒。行臺曉月諸生試，比屋春風五教敷。相守不堪相別處，蹔留驄馬盡離酤。

送中書舍人桐城何志廉赴南京刑部員外予較藝禮闈志廉實預事于簾内

郎中早發帝城東，雙旆遥乘雨後風。南部司刑千里别，中朝揮翰十年功。何當把酌尋鄉好，猶記篝燈宿至公。從此魚書知不斷，兩京新路膈河通。

次南京錢學士先生入朝之作時先生方有少宰之命

十二年來出帝關，北歸仍立舊鵷班。交南使節陳臨海，江左文名庾子山。簪紱又新池上寵，冰霜難老鏡中顔。漢庭欲下安車召，楚水燕山路不難。

桃花零落舊玄都，喜見腰金尚黑顱。才藻自能當萬乘，筆鋒猶足掃千夫。禁中前席多需賈，海上生祠半説蘇。晚節從來須鄭重，百年文運藉人扶。

新安洪生通今鄭州守有約之少子鄉進士遠之弟而予兄汀州貳守克和之壻也來京師從人受春秋學日以成歲暮欲將往省于鄭且南還入郡學以竢秋試其志可謂健矣道别之際賦詩贈之

綵衣遥向鄭州城，書劍還爲故國行。官邸冬温先季子，京闈秋試待諸生。匆匆立馬辭鄉丈，草草傳觴愧館甥。但喜家聲常不墜，一門難弟又難兄。

邀同館諸公賞盆池蓮

新秋團扇不禁風，退直相期出禁東。池館不嫌來結社，水花猶有一枝紅。

題尹正言學士菊

陶家莊子未全荒，籬下西風一逕霜。紅紫相看零落盡，寒花只作舊時黃。

題畫

蒼山茅屋歲將闌，一卷黄庭讀未殘。落葉暗橋何處客，杖藜來聽水聲寒。

講筵命下甚愧疏庸不足以從諸君子之後輒賦一詩録呈舜咨侍講養正伯常二太史

天王重稽古，文教被九寰。濟濟夔、龍徒，終日奉講閒。自慚樗散質，久廁詞林間。一旦誤簡知，許綴經幃班。儒冠豈徒榮，君德重有關。格心古明訓，志士亦孔艱。況我本承乏，何恃開天顔。所幸同袍人，逸駕難爲扳。致身及此時，淳風正來還。策厲敢不勉？主恩似丘山。

爲柳楷序班題壽意圖歸慶其母

七十柳家母，雙耳被華髮。行步若飛鳧，飄然有仙骨。諸子數公權，供奉廣寒闕。回首夜何其，天涼桂花發。神娥海東至，蕩潏凌波襪。皎皎青鏡中，居然事修謁。酒酣一借問，滄溟幾時竭。携手問清淺，共拾蟠桃核。仙凡隔塵水，三山翠嶢屼。可望不可親，歌詩對明月。

壽泰和王希誠七十希誠，尚書文端公第三子，中書舍人求之父，嘗受恩封。

七十存齋叟，尚書一令孫。天開新壽域，人羨舊清門。蔭子傳家學，封君荷主恩。一陽初復候，佳氣滿芳尊。西江多逸老，季子獨超群。仙授還丹訣，家藏説玉文。逢辰題甲子，閲世等烟雲。想和長生曲，因風一寄聞。楊文貞公嘗有説玉文贈之。

題玉堂散直圖送吴汝賢修撰省覲還閩

金殿當頭玉堂署，十二朱廊隱宫樹。衣冠濟濟堂中人，猶似前時起居注。門下斜連金水河，石橋五壘横蛟鼉。扣閣不許外人到，挾册時見諸王過。奎文上應圖書府，插架連籤照今古。同遊恐是十洲仙，下界紛紛半塵土。邇來新詔開中堂，儲材聖訓何洋洋。日令三館坐群彦，應制往往催詩章。從容退食龍樓外，松下傳餐解簪帶。光禄之酒大官羊，終歲天厨有佳賚。宫壺卓午漏未央，旭日半下城西墻。出門跨馬一分首，緩步不知歸路長。老瑺如能解人意，慣識青衫閤門吏。幾回爾汝笑相嘲，何幸相從禁中地。我居史館今十年，碌碌追陪叨俸錢。就中却愛吴汝賢，才氣迥出千人先。承恩謁告辭丹扆，綵服輝輝照秋水。何人爲寫玉堂圖，天上風光動桑梓。我思古人不可當，身在江湖憂廟廊。君是八閩奇俊郎，一飦之際寧可忘。君家二老俱無恙，莫遣文章負今上。朝朝散直定思君，早趣歸裝拜天仗。

題安城彭學士山水圖

何人結屋青山裏，終日開窗見山喜。近峰錯落走簷牙，遠岫蜿蜒插天嘴。澄江一道山前過，短櫂平分浪痕破。船頭水氣緑侵衣，載酒高人面山坐。石泉下衝沙渚渾，桑榆接地成深村。柴扉欲扣不可到，或有細路通雲根。竹鶴老人名畫手，半幅生綃大於斗。水分山斷意無窮，目送飛鴻度江口。安城先生塵慮脱，南望鄉人楚天闊。高堂永日對山歌，肅肅涼風起蘋末。

校勘記

〔一〕送薛志淵御史隨都憲原公處置荆襄志淵舊嘗巡按其地　「原」，原作「袁」，據明憲宗實録卷二百六十六「成化二十一年五月乙丑」條改。

篁墩程先生文集卷六十五

詩

齋居有懷李賓之侍讀次街字如字二韻

月明人語靜天街，一樹松毛舞亂釵。高論誰翻巫峽水，相思如隔葉山厓。百年散地堪藏拙，三宿齋居漫寄懷。獨幸太平今有象，南郊春意十分佳。郊祀前祈雪，新歲人日及郊祀之夕皆晴明，故及之。

瀟灑仙郎玉不如，春來多病想離居。賡酬未覺詩禪定，笑語偏驚墨妙疎。齋舍月明燈暈小，嚴城風靜柝聲虛。知君此夕應無寐，起望星垣候屬車。

羅明仲以所和謝鳴治枕上有懷李賓之之作見示倚而和之

西齋涼夜月生初，二妙詩成一枕餘。春谷芝蘭香雁蕩，秋空冰玉倚匡廬。寄聲白雪來青鎖，落手明珠動綺疏。讀罷悵然思短李，平生交好最知予。鳴治，天台人；明仲，吉水人，家有冰玉堂，故及之。

正月十二日慶成宴後有懷賓之用鳴治紅字韻

賜宴歸來醉頰紅，故人清卧曉堂空。聯珠似覺新篇少，倚玉猶懷舊席同。春到才情翻蜀綺，病回風骨挺湘筒。一年燈火西城近，無限相思月又中。

宴歸忽思明早立春再一日元宵矣節物驚心爲之憮然偶成柬倪舜咨侍讀

又陪郊宴戴恩回，不覺春光次第催。鼇禁未燒千炬燭，鳳箏先動六葭灰。喜逢令節添新歲，恐落明時數棄才。欲向同人歌老大，陳根已負十年培。

舜咨有詩見答再用韻復之

春去如流不自回，駑駘無力可鞭催。風花近日多新稿，簡册何時拂舊灰。十載閒官真負主，八行明詔欲儲才。支言敢恨知音少？一寸心田只自培。

送陸文量駕部出使河南次留別韻

曾接芳鄰會一茶，蓬門長許故人撾。郎官標格晴翻雪，内史篇章醉吐霞。明日又攀東郭柳，當時同看上林花。春風聯佩相思地，玉陛鞭聲散曉鴉。

凌季行鴻臚索賦清懶詩

不受黄塵點賜袍，朝回長卧日華高。客疎幸免逢迎禮，官冷那知案牘勞？勝地春風閒謝屐，異鄉秋雨澁并刀。等閒却有難忘處，瀹茗催詩夜續膏。

題李世賢太史扇

浦上南風急，漁舟破浪還。不知離岸遠，時見樹頭山。

分得知字送文公十世孫燉襲翰林五經博士歸奉祀事

長河發秋水，白日吹涼颸。冠蓋集都門，把酒與客辭。緬懷紫陽翁，耿耿百代師。雲仍襲簪組，乃在休明時。夫君抱奇服，承恩固其宜。考亭渺何許？孤絶天南涯。喬木上參天，下有先公祠。君歸拜家慶，燁若階庭芝。大賢本不死，冥邈諒有知。翹首北來鴻，車行勿遲遲。所願崇正學，慰我長相思。

送提學戴廷珍御史考績還南畿

離旌動朝旭，憲節飛寒霜。使君有遠役，驅車上河梁。夙昔金蘭交，念君才且良。南纖數千里，弦誦聲琅琅。來荷天子恩，去慰諸生望。君家大江西，經學聞四方。敬承久不衰，顯擢殊未央。古人過化地，名與江水長。分岐意無限，再進黄花觴。

輓王瑞給事父

屢辭公府薦，贏得隱居名。水石夸王令，江湖繼陸生。無方堪却老，有子解推榮。小茗山前路，行人亦愴情。

三月一日壽楊司徒夫人六十

家聲自東魯，門對重關西。象服摇蒼水，鸞封獲紫泥。晚春開壽域，遲日麗中閨。想象稱觴處，仙人餽棗梨。

攬鏡顔猶壯，盈簪髪未疎。壽當初度起，春入二分餘。君子歌偕老，兒孫奉起居。蟠桃親手種，喜色照庭除。

題張修撰養正所藏王舜耕山水畫

山東老人王舜耕，平生與山如有情。左塗右抹何草草？却似真山被山惱。山西太史留侯孫，愛山自謂山可飧。坐中忽有青萬矗，終日仰看看不足。我來把玩未始奇，真山假山遠莫知。天風慘澹動林壑，浮嵐積翠空淋漓。斗壁飛流下深樹，暗響潺潺不知處。兩崖中斷一橋通，誰結茅廬傍山住？老人一去何當還？太史心胸如此山。題詩不盡畫中意，夢落齊州蒼翠間。

夏日偶成

瓜頭果葉未全開，一寸新根蝕舊苔。閒上小樓看雨脚，不知青蔓過墻來。

愚樂庵爲傅曰川太史乃尊賦

不辭提甕灌山畦，繞屋江聲似冉溪。却笑永州憔悴客，壺觴終日嘆羈棲。

靜對蒼山閲歲華，人間何地着生涯？繙書忽到無言處，陋巷春風自一家。

題常州卞六行樂圖

素紵衣摺皂綸巾，不受長安馬足塵。香繞鹿車秋未老，勝遊知是惜花人。

苦雨漫興

久病朝籍未通名，雨窗且得卧天明。御街石路光凌亂，坐想諸公把滑行。
青裾白面掃晴婦，馮仗精靈格上穹。黑雲西行雨脚退，針線女兒争奏功。

坦庵爲鄧州訓導胡直賦

隨分安居結數楹，出門何處不堪行？知君已得羲經趣，眼見高門棘刺生。

泮鄰書屋爲會稽處士賦

處士家在秋風浦之西，泮宫之東，故因以顔其居。二子，曰芸，丙子貢士；曰榮，壬辰進士。

墦間事埋築，賈肆競刀錐。擇居苟失所，媚學將從誰？所以孟賢母，三徙泮宫涯。千載有楊翁，横門久棲遲。誦法子車氏，有家學東陲。杏壇籍餘蔭，芹沼分清漪。緬懷鄒、魯風，禮庭時一闚。歸來課諸子，肅容坐皋比。日夕弦誦聲，互答相吾伊，居然二雛者，成名皆在兹。科第固云好，德性能自持。坐令環堵宫，永作藏修基。斯人去已遠，家訓凛不衰。芳鄰接孟氏，此語非夸毗。我歌泮鄰詞，秋風有餘思。

題鮑栗之通判所藏四景牛

遠桃舒淺紅，獨柳蔭餘緑。烏犍何從來？騈首度川曲。春波浩沄沄，好雨夜初足。憐此畊力疲，田翁能羈束。

山檞葉如斗，負此大石傍。牸兮喘何急，徙倚南風凉。子牛卧弗起，似戀青草長。安得伴樵牧？留連至斜陽。
農事早登場，散牧清溪滸。迎風或長鳴，已忘力田苦。出門認紅樹，對岸饒青莽。日晚欲收欄，橫吹隔深塢。
晏歲風霜多，朔氣動墟落。畏寒老觳觫，引犢屢前却。靄靄向陽坡，梅花點放蕚。養力待春來，郊原事東作。

次韻蕭文明給事元日早朝之作

綵鞭聲裏曙鴉稀，劍佩森森拱太微。日射御牀明繡衮，雲回鑾輅見青旂。鴻臚立仗傳三呼，馬監随班鞚六飛。曾記昔年叨侍從，起居長許近皇闈。

陪祀南郊借尹先生往歲扈從看牲韻

紫壇中夜肅無聲，玉趾親來薦璧聲。華蓋雲垂如肹蠁，行宫塵遠自屏營。九韶迭應鈞天奏，萬燭高聯複道明。陪位禮成因北望，帝星當宁泰階平。

次韻李賓之侍講慶成宴上作

門宴分行首從官，内前隨例奉宸歡。衣聯錦獸晴偏見，漏咽銅龍午未乾。羽戚兩階成化久，風雲千載際時難。桂坊敢負平生操？漢策分明戒史丹。

上元日承邵文敬主事請遊神樂觀次韻二首

南郭春風引瘦驄，上清元不受塵蒙。鶴因看院留當户，鵝爲求書畜滿籠。賭令歡呼拚一醉，彈棋消遣任誰工？興酣頗愛青天曲，隔坐還思唤舞童。

曲廊深處綰吟驄，招致群仙我亦蒙。院静不聞清籟發，壇高時有翠雲籠。一春宦海乘多暇，何處燈山説最工？更欲早歸尋舊賞，夕城高樹遠重重。

剪燈歌元夕同年傅商佐主事家席上作

上元燈火如繁星，九衢鬬靡流晶熒。就中一椀最清絶，烱然獨照郎官廳。都城好事争來看，苦心每爲良工嘆。并刀剪碎藤溪方，直縷横絲眼中亂。海市樓臺初隱霞，渚宫人物紛如麻。天孫夜開機上錦，魔女曉散空中花。態真意遠不可了，此藝從知古來少。頗聞令愛手能續，何得兄家擅天巧。寒窗有女方十齡，欲遣從之愁未勝。小弟長慚負奇賞，先請爲兄歌剪燈。

傅家麵食行

傅家麵食天下工，製法來自東山東。美如甘酥色瑩雪，一凷入口心神融。旁人未許窺炙釜，素手每自開蒸籠。侯鯖尚食固多品，此味或恐無專功。并、洛人家亦精辨，歛手未敢來争雄。主人官屬司徒公，好客往往尊罍同。我雖北人本南産，飢腸不受餅餌充。惟到君家不須勸，大嚼頗憚冰盤空。膝前新生兩小童，大者已解呼乃翁。願君飣餖常加豐，待我醉携雙袖中。

琴月齋爲姑蘇顧君賦

子夜群動息，虚齋敞前楹。美人耿不寐，起弄朱絲繩。肅肅天宇高，璧月流晶熒。霓裳非雅歌，叢桂多古聲。幽懷浩然瀉，紛紛竟何營？

畊讀爲建昌士人賦

古來業詩書，守分樂田野。緬懷有莘人，感激千載下。畊讀者誰子？若與世情寡。朝出向隴頭，一卷書在把。莫歸聲吾伊，隱映枌榆社。漢庭日選士，孰是力田者？願見書有年，豳風續周雅。

送陸克深員外知叙州府

翰苑曾通籍，祠曹久綴班。片符分虎重，雙轂映朱殷。具服朝辭陛，嚴裝夜出關。親友開祖道，遠役壯離顔。蜀嶺烟嵐匝，瀘江雪浪頑。傳餐迎驛吏，撾鼓拜溪蠻。棨戟通公廨，茶鹽擁市闤。升堂延俊造，入境問恫瘝。僻縣經過少，高齋案牘閑。奉宸瞻北斗，懷土夢東山。宦海嗟行住，詩郵足往還。來朝應可冀，弱柳未須攀。

次韻倪舜咨侍讀省親南歸留別二首

曉日河梁又送歸，晝檣天杪見巍巍。賜金喜爾重供膳，密綫慚予屢換衣。南浦一番春草茁，西山隨處暮雲飛。燈前久辦寧親疏，不向同人惜暫違。

柳梢春色未全勝，别路危闌一共憑。交味似便醽醁醆，離腸難斷轆轤繩。名高講席恩偏荷，喜溢親庭壽屢稱。忠孝想君心力健，遄歸應不待河冰。

次韻羅明仲洗馬新春繙閲經史之作

是非千載若爲評，出處當知不異情。仇、薛未堪興禮樂，管、商何得擅功名？飲餘安樂春風暖，夢覺空同夜氣清。此境與君能一到，人生方不愧軒纓。

郢調誰云客和稀？孔壇風景尚霏微。顔淵豈爲貧方樂？蘧瑗能於老覺非。近代情詞多逸響，古來心學有餘輝。太平儒效收公手，淺薄終慚負衮衣。

會昌雪亭公子許雨中移竹詩以訊之

八尺庭除半緑苔，一春無意買花栽。幾時憑仗連朝雨，分得青鸞數尾來？

春雨應制

密雲起東郊，靄靄覆高閣。條風一流轉，好雨應時落。冥濛浥街塵，頃刻滿城郭。坐見西北山，千里翠如瀹。粼粼玉池水，淲淲聲赴壑。微虹隱木杪，生意動花萼。田家方播種，喜氣欲騰躍。行看土膏潤，不畏溝塍涸。龍德普所施，預想秋大穫。仰首謝玄功，對物有餘樂。

張公子行一首送太倉張漢南歸漢，揮使之子，友人陸文量職方之壻。

張公子，留侯孫，少年丰采如香蓀。讀書擊劍窮朝昏，海邊甲第開轅門。堂上將軍不好武，千里歌吹聞兵屯。平生陸家親昆弟，託好願比朱陳村。有女近出職方氏，輦金輿幣來求婚。職方擇壻正復爾，椷書許聘情何惇。張公子，佩赤璘，刻絲袴褶懸兩弴。去年跨馬入京國，一見笑語回春温。畫堂紅燭謝家慶，整日開燕封羊豚。新郎二月發歸思，行李賫送聯征輪。插河雨過沙水渾，旭日半下東城根。柳枝未堪把，勸子白墮尊。人生歲月驚濤奔，他時富貴豈足論？冰玉相輝古難得，忠孝莫負君父恩。

送雲南府學司訓高宗禮

昆明池水隔天涯，萬里西行喜過家。莫嘆青氊清似水，文風今日似中華。

行人無奈歇征驂，儘與朝紳接笑談。他日重逢知未老，内庭供奉亦何慚。

煩寫新容出鏡臺，少年衰陋本中材。遠人若問程宫講，應訝君曾識面來。

高君宗禮，蜀之會川人，起家儒學，而出其餘力以寫真，妙得蘇子之説。其待次吏部也，薦紳樂與之遊。既得雲南府學司訓，行矣，而爲諸公挽留者兩月。予亦雅善，無可爲别，賦三絶以贈之。

送鄉人吴之寬南歸

暑月終南訛，靈風動西灝。季子江上來，言旋亦何早。今年霖雨膹，九陌積行潦。憐君千里外，淨若水中藻。坐與親朋俱，客舍靜逾好。妙指高山曲，細字浮溪稿。有時扣我門，譚吐亦傾倒。依依鄉土情，忍别縈懷抱。開舟潞河滸，策蹇長安道。因君重回顧，家山有遺老。竊禄十載餘，主恩空浩浩。何時許歸覲？看穫江南稻。練溪拖晴雪，屏山對蒼昊。階庭倘休暇，相期共幽討。把手各西東，停雲下瓊島。

吴碩之寬，世居休寧之璜源，讀書工琴，有聲江湖間。成化丁酉春，偕僉憲婺源汪君希顔上京師，希顔之内，之寬之姊也，相與僑居都城外，凡月餘。時積雨彌旬，之寬足不妄出，而數辱見過。又假予所藏先達浮溪汪公之文，手自傳鈔，亦可謂質美而好學者哉！未幾，告别南歸。因念予自壬辰以來欲爲省覲之行者，屢矣，講筵、史局，勢不敢以私請，故送之寬而有望雲之思焉。

送蕭文明給事持節册封唐府得承字

藩封遵舊制，天語重親承。玉節龍垂紵，朱函鳳結縢。使鑣聯紱弁，行李却金繒。翰墨心偏健，舟車力更勝。王孫加禮貌〔一〕，官吏足聲稱。永日花明驛，南薰麥蔭塍。觀風臨淯水，懷古望春陵。封事思晨入，嚴程戒夙興。縈還應幾月，青瑣候良朋。

陪祀西陵昌平曉行

雨淨關河不受塵，一時吟眺薄秋旻。樹頭黄屋如看畫，馬首青山欲近人。

道中偶成

望望西陵近，松陰石徑分。倚闌尌磵水，下馬讀碑文。寢樹含秋吹，橋山出暮雲。野人懷帝力，歌頌道中聞。

夜半出山

蕆事下西陵，歸鞍趁月行。松林人影亂，石罅水聲清。不覺山程遠，推便野望平。臨風歌一曲，秋思滿空明。

題李太史世賢梅花圖集古

四山多風溪水急杜工部，隴上何人夜吹笛王右丞。幾家春夢未知回寇萊公，起傍寒梅訪消息李太白。宛然姑射子賀方回，瀟灑在風塵李太白。北人初未識王介甫，疑是弄珠人王適。西湖處士骨應槁蘇東坡，洗雨梳風爲誰好秦少游。呼兒覓紙一題詩杜工部，相對真成被花惱黄山谷。

克寬弟南歸小詩二首奉簡淮陰驛令林文秀内兄休寧上舍汪汝温親契

舊榻凝塵歲屢更，秋風一雁又南征。弟兄離合情無限，萬里淮天共月明。右簡林。

南望家山有所思，十年誰共菊花巵。不堪遠雁傳書處，又是重陽送別時。右簡汪。

題便面小景

相看是何境，鶴啄松根苔。道人一揮袖，天末海風來。

穀庵爲吴醫沈公美賦

沈翁隱侯裔，素醫而好儒。有方不自秘，云是溯洄書。繞庵播嘉種，歲歲勤菑畬。平生活人手，荏苒七十餘。種穀如種藥，心與造化俱。豈徒一身飽，固欲周鄉閭。時令菜色者，一半回敷腴。永懷居藥翁，慨彼肉食徒。安得味斯語，仁壽躋寰區。

蒙巖爲常州邵士忠處士賦

蒼巖何巍巍，壁立倚晴漢。中有一泓泉，淅瀝下巖半。緑蘿水簾瀉[二]，觸石星珠散。紆回坐成池，隱隱白虹粲。巖栖者誰子？跬步得幽觀。徬徨此水側，日夕味爻象。烱然生道心，舊染如濯盥。不學蒙園叟，偶爾事空玩。養正思古人，因之重三嘆。

題尹性之御史所藏周文靖竹

周郎識此君，落筆琅玕長。居然步湘皋，翠袖忽兩兩。相將舞回鸞，勢欲凌波往。平泉與危石，轉折助清響。坐令俗耳淨，遠覺煩襟爽。亭亭吉甫孫，霜臺絶塵鞅。晏歲凜相盟，虚心愜終賞。

送王司訓之任豐縣

父兄留得舊氈青，子弟終能守一經。博士隨班承寵渥，諸生開館候儀刑。到時俎豆陳宣廟，去路河山擁漢亭。想共令君談政教，化行歌頌幾時聽？

馬邑王君鉞，其先子巍嘗教于河間，歷官大名郡守。兄鏞，嘗教于新安，近爲國子學正。君得諸家學者有素，而屢弗利于秋闈，遂援例出教豐縣。予故家新安而宦居河間，於君父子相知最久。於其行，不能忘言。豐之尹田君良故嘗教于三氏學，亦於予有一面之雅，因詩及之。

張汝弼駕部求椿庭詩壽其兄

貽謀能是守株人，東海家家説異椿。壁上古陰回夕照，庭中新幹薄秋旻。衣冠幾葉能詩禮？堂構當時亦奂輪。張仲平生知孝友，連枝應願八千春。

分得元君丹臼爲安城李珍賦

石臼深深長緑芸，土人猶説魏元君。金銀氣逼清宵見，雞犬聲疑白晝聞。九轉誰磨新歲月，六丁長護舊烟雲。盤中李愿幽棲近，日讀黄庭幾卷文。

送汪希顔僉事改仕湖廣

昭代重提刑，移官及壯齡。楚人知約法，漢吏本通經。入境多供帳，分司獨坐廳。洗冤公素志，民頌幾時聽？

楚楚越公孫，江南舊業存。凌秋趋憲府，戒曉出京門。關道喧人語，河橋落漲痕。臨岐珍重意，公恕答君恩。

校勘記

〔一〕王孫加禮貌 「禮」，原作「體」，據四庫本改。

〔二〕緑蘿水簾瀉 「緑」，原作「緣」，據四庫本改。

篁墩程先生文集卷六十六

詩

送張汝弼駕部知南安

吾友人中龍，落落張東海。起家兵曹郎，回翔十餘載。揭分五馬符，袍帶荷恩改。迢遞南安城，横浦一川匯。知君足儒吏，舉筆見丰采。想當行縣時，江天凍雲靉。百丈大庾山，梅花燦珠蕾。折寄與詩來，都人正延待。

東海嘗爲予賦晴洲，已而失之。云有稿在，以行遽不暇檢，許付其子新安貢士弘宜以來，因詩及之，懼其忘也。

三樂爲晉陵胡叔虞賦

落落嬀公孫，遠有叔虞子。處世寧無才？平居不干仕。一觴與一詠，顧我方樂只。此身非草木，有生胡弗喜。而況得爲男，已歷好年紀。興來鼓三終，所得亦云侈。茫茫天地間，豈不解同是。永日行畏途，沈酣未知止。千載鹿裘翁，見取尼山氏。長歌念伊人，迢遥隔州里。

題黄帝廣成子問道圖

憶昔廣成子，講道崆峒山。抗顔爲帝師，相與煉九還。坐令千歲人，緑髮而朱顔。一朝乘龍去，下顧悲塵寰。藥鑪莽猶存，逸駕不可扳。兹事傳已久，無乃空投難。靈均賦遠遊，魂銷汨羅灣。鄒訢注參同，寂寞蓬萊班。我讀古仙經，一一廋且慳。或恐妙契者，不在文詞間。靈洞何幽幽，鼎湖亦潺潺。勝境雖足愛，賦子誠疎頑。

尼山高一首壽闕里孔公伯處士公伯，羅洗馬明仲婦翁也。

尼山高，高嶙峋，千年孕此大聖人。聖人一去聖澤新，雲仍玉樹何振振。公伯先生號賢者，韋布不沾京洛塵。生時分值祖庭檜，荏苒于今六十春，蒼髯勢欲凌秋旻。朔風吹地才一日，先生笑坐開芳辰。戲綵兒孫行遶身，携壺陸續來親賓。崧高一紙馳獻壽，知有内翰聯佳姻。新詩在眼酒入脣，先生陶然岸烏巾。家山喬木色不改，百歲願作無懷民。

琴鶴東人爲廣人何式之賦

小攬山中盛丘壑，𥹥有幽人恣行樂。坐間時弄七絃琴，到處還隨九皋鶴。春波澹蕩風日清，耳畔忽聞環佩聲。古人雖往古音在，坐使一川魚鳥驚。石徑盤回絶塵侶，砂頂昂藏縞衣舉。幽人鼓掌一和之，萬里閒雲自容與。君不見，蜀川太守報政成，一鶴一琴隨馬行。又不見，義山詩人殺風景，煮鶴燒琴對佳境。幽人不求禄二千，幽人不賦西崑篇。祇與雙清作東道，見者一任禰何仙。燕歌趙舞人争愛，畢竟誰賓復誰介。何如琴鶴共平生，清譽長傳嶺南界。

歸田樂卷爲彭彦充儀制賦

拂衣何太早，人惜漢彭郎。許國身猶健，還山樂自長。分泉栽杞菊，升壟看牛羊。莫和陶翁句，長歌與世忘。

蒼雪難侵鬢，紅塵自息勞。高眠穿北牖，舒嘯入東皐。久辦青山屐，初嘗白社醪。海鷗機事少，應識舊儀曹。

春坊齋夜追憶舊時在翰林東署與諸君子喜雪焚香聯句之作奉簡亨甫鼎儀世賢三太史

齋榻遊塵淨，宮城刻漏殘。不知芸閣夢，何似桂坊寒。旅夕罏香在，經春雪意難。同袍應念及，燈火舊詩壇。

藻軒爲錦衣千户吴孟章賦

將軍心地清如藻，小結幽居遠六街。倚榻高寒疑近水，閉門空翠欲親階。擷芳曾過黄泥坂，寄傲難同畫舫齋。聖代只今需補衮，知君才副九重懷。

送延都運六十致仕得何字

金帶朱衣拜寵多，乞身寧待鬢雙皤。民思久繫棠陰芨，國計新饒海上鹺。白社預鈔栽菊譜，滄浪隨唱濯纓歌。不知勇退青雲士，屈指如公得幾何？

挽胡孺人刑部黄員外文琰之母。

鬢絲初覺早霜凌，豈意年來不自勝。蓬壁尚疑聞夜杼，蕙帷那復候晨興。推恩子望新鸞誥，偕老人傷舊雁繒。寂寞祁閶山下路，一丘松栢鎖寒藤。

小兒彌月承羅洗馬餉鶴歌以答之

仙禽一夕乘風至，清氣朝來滿庭次。見客馴然了不驚，學舞時時鼓雙翅。丹砂入頂色猶淺，一聲更有凌雲思。我家生男一月餘，每遇高人出相示。皆云骨相如長郎，坐上啼聲已堪試。犀錢玉果競相投，隨俗惟應悦姬侍。司經大夫公遠後，輟自潤筆來相贄。謂此鶴齡千歲長，眼中定欲徵君嗣。大夫久作瀛洲仙，許我平生可同志。頂砂疑是鶴前身，令器而今已三四。松陰永日相和鳴，螽羽開祥豈無自。乃知此鶴最宜人，茅君本號還丹使。山雞野鶩竟何有，大籠滿貯長安肆。中年不顧縻好爵，看鶴生孫乃吾事。兩郎他日弄雛成，再拜還酹大夫賜。洗馬頦有朱志如鶴然，故詩及之。

奉詔儲材卷送翰長王謝二先生

館閣儲材自祖宗，兩公承詔任陶鎔。南朝世譜衣冠盛，西掖官聯雨露濃。瑞應奎光開五夜，功期文史足三冬。不知此夜門墻下，多少英賢賦九重。

蘭竹圖題贈蕭給事文册乃郎赴秋試

湘皋春婉娩，居然見雙清。幽香下覆之，翠條仰而承。高石既磊磈，新泉亦泓澄。臨風況君子，去住有餘情。

送李士欽尚寶持節册封楚府次沈廷美韻

曉承天語下丹霄，周室班封四牡勞。同姓地分南嶽重，殊方人仰北辰高。朝廷近侍傳司璽，江漢風流擁使旄。預想過家歸路便，朱門喬木映宫袍。

送王昱知滎縣

幾載儒衫困一經，除書新捧下彤庭。遠趨蜀道三千里，上應郎官十五星。黌舍秋風興士子，畬田春雨勸租丁。政成他日蒙推薦，尚及才人兩鬢青。

送董子仁給事出使琉球

萬里乘槎羡董生，手持龍節氣崢嶸。遠憑主上班恩到，坐使陪臣謝禮成。番貿不收沙上市，粤船長下水邊城。知君可副中朝望，一寸心隨漢月明。

清明謁西陵飦昌平劉奉祠家次韻李世賢太史

何處同君寄一餐，昌平縣裏舊祠官。停驂已忘征途倦，撫景惟慚得句難。百辟分班朝太寢，五雲回首認長安。行人盡説清明近，不似常年節氣寒。

二十五日朝陵次世賢太史

二聖仙陵隔路岐，松林燈火夜差池。中天絳闕長相峙，夾道蒼山晚更奇。地迥易看星次轉，天寒不覺露華滋。一年一度陪鴛侶，清廟無才續舊詩。

謁陵遊九龍池八首

渡石磵

驅馬渡南磵，磵水清且駛。蹀躞未肯前，磊磊青石子。

問山下路

尋源悵何之，渺渺入荒野。褭回灌莽中，偶爾遇樵者。

谷口聞雞聲

隱隱谷窮處，雞犬如隔塵。下窺見墻屋，知是五陵人。

石田分浸

石田如畫局，山溜細通塍。點點皁鷺白，亭亭蒲稗青。

九龍池

山脈貫龍腹，山髓出龍口。九道下成池，千年溉靈囿。

石壁

池東立石壁，巉削不可捫。頗疑天所造，鬼斧尚留痕。

池上峰

蒼然百丈峰，峙此一池側。遂令活水源，長含太古色。

飲龍口泉

斞此沆瀣汁，清我塵土心。臨流不能去，山風振衣襟。

成化戊戌四月十一日儲皇御左春坊敏政進講大學首章退宴文華門十二日上御經筵敏政進講中庸第二十章退宴左順門感愧之餘賦此呈同事諸君子

小臣蹤跡本疎慵，忝職情知不易供。才向儲闈傳大學，又從宣室講中庸。朝行輔德須耆俊，家法崇文自祖宗。尚食屢饔無寸補，百年興運愧親逢。

六月廿八日大雨赴齋所

黑雲連陣雨聲寒，騎馬蕭蕭向掖垣。平地急驚成海子，御溝全似瀉河源。擔夫没屩猶探路，從吏篝燈不到門。小坐未眠聞屋漏，旋移齋榻過前軒。

廿九日夜晴太廟陪祀作時王惟臣詹事劉希賢汪伯諧二庶子鄭瑶夫羅明仲洗馬俱以疾在告

連朝陰雨一宵晴，百辟相歡仰孝誠。鶴馭自天來九廟，衮衣成禮及三更。迎鑾樂向門前奏，扈蹕人從樹裏行。儲輔近來多病渴，叨陪獨幸夜通名。

七月十七夜病起露坐偶成

古槫摇影屋西山，獨坐空階月上檈。遠杵數聲秋律應，明星一點曙更閑。道心儘可消官況，酒力微堪慰病顔。千里故園歸未得，不禁征雁遡風還。是日予賦此詩，意勿勿不樂，夜亦不能寢。後一日得家書，知三弟不幸，乃知骨肉至情，相關如此！

送程醫官詩

祈門程昂，故韓府長史孔著之孫，今河南大參用元之子，與予同出忠壯公。譜雖疏而劣，予爲最長也。昂幼讀書業舉，而尤好醫，遂被薦爲其邑之醫學訓科。蓋鄉人在京師者，無不喜昂之克自立也。昂將便道之河南省親而後歸其鄉，過予言别。時予方得用元書，求記兩夫子之新祠，因賦古詩二十六韻而并道之。

當年傅韓王，文行推爾祖。近來佐雄藩，老成羡而父。之子當妙齡，不與衆郎伍。匪徒趋禮庭，更喜遊藥圃。時出應人求〔一〕，牀簣多告愈。一朝被掄薦，千里來自府。公試迥出群，官名入銓部。青囊一編書，居然襲簪組。伏闕謝主恩，奉檄返鄉土。謂我亦宗丈，朝來扣蓬户。自云將啓行，艤櫂向河浦。省親方就禄，征途不爲苦。程本大族家，南北舊通譜。恭惟兩大賢，家在鳴皋滸。寢堂聞漸衰，眼底腈榛莽。而翁揭行縣，時能作祠主。慷慨鳩衆工，彷徨走丞簿。輪奂一回新，燕賀響鐘鼓。頗欲得予銘，盛事傳永古。子行道祠下，再拜奠觴餔。油然慈孝心，冥冥祝多祜。從來活人手，亦足踵前武。都門開祖筵，薫風霽新雨。視子真可人，濯濯好眉宇。勉哉亢其宗，謹勿失繩矩。餞行賦長詩，爲子一揮麈。

送陸處士還太倉處士太史鼎儀之父。

老人住海上，高隱不出門。一朝念遊子，乃駕北來轅。南風吹塵淨，忽忽止行軒。遊子迎再拜，喜極不可言。是時子方貴，執經奉儲垣。朝回寡人事，退食多公飧。老人樂茲養，心志靜不煩。秋氣澹欲來，中宵夢丘樊。呼兒整歸櫂，回波浩沄沄。逸駕既莫扳，爲壽奉酒尊。頗聞老人語，去住非所論。願兒崇正學，不愧宣公孫。到家應幾時，及此芳桂繁。望望漁樵侶，悠悠水雲村。豈獨相勞苦，而不知本原。古來慈孝心，坐使薄俗敦。我歌送執事，典刑諒斯存。

輓董尚矩編修父母

董氏寧都盛，夫君說最良。忽捐招隱操，空貯活人方。斷簡藏家塾，殘碑立墓場。由來天報德，貤贈託名郎。

提携雙稚子，孤月幾回秋。綵服時經眼，珠冠老上頭。院松終抱節，庭草詎忘憂。太史應裁傳，千年重女流。

追和江東之學士留寓南京上新河徐氏園亭之作

留寓得林坰，渾疑宿幔亭。禽聲翻角徵，山色中丹青。雨竹驅塵淨，風花又夢馨。主人能解事，終夕候文星。

借住新河口，雙扉逐岸垠。水花堪索笑，山果得嘗新。暫謝催詩吏，時迎載酒人。乘涼多竹樹，隨意脱簪紳。

明月幾回團，幽居體自寬。緑醅時解困，白苧晚生寒。喚客彈棋子，看人把釣竿。年來通禁籍，回首憶清歡。

送祁門周仲實赴趙州學正

南風捲地吹沙塵，落日東城辭故人。來趨禮闈黄卷苦，去主州學銅章新。君家江南任河北，浩氣稜稜面腴色。登車不畏征途難，問宿何須路人識。趙州古多才傑士，慷慨遺風尚何似。春秋書法可與言，即此上報明天子。勸君卮酒贈君歌，亨衢白日青雲多。蘇湖遺教尚可復，功名老大非蹉跎。

送張太史養正陞都憲巡撫宣府

北邊重鎮稱宣府，一帶關河控殘虜。鎮朔長屯大將兵，節制還應屬巡撫。眼中之人今幾年，受詔臨戎已三五。聖明不喜文法吏，特簡儒臣付斯土。張君堂堂七尺軀，生有奇才濟文武。近侍初聯鳳閣班，文章久擅雞林賈。時從經幄講唐、虞，正色稜稜似文虎。事功直欲追前賢，蜾蠃雕蟲底須數。人言國士可無雙，書劍相傳自其祖。一朝果被九重知，冠豸腰金佩長組。想當跨馬出行邊，先事澄清後戎伍。千倉有蓄問陳紅，百里相望看樓櫓。守臣戍帥總郊迎，帓首聯翩負前弩。蒐田尚接金蓮川，弦誦遥連赤城塢〔二〕。威聲早已罷烽燧，號令誰能易旗鼓。丈夫此行亦快哉，好在邊人悉安堵。愧予與君最相得，半生不脱儒生腐。置身豈合在公卿，開口徒能論今古。喜君大用夜忘寐，恨不狂歌對雞舞。平明載酒送君行，祖席薰風動南浦。願君當此得志秋，莫學人嗟守邊苦。幕府重期老范謡，家聲再續留侯譜。功成復入漢庭來，漢庭來，帝衮終須待君補。

追和江翰長先生上新河徐氏園亭病寓之作

徐家亭子楚江東，蜀客來尋一逕通。坐下清泉消溽暑，門前喬木倚晴穹。儘多醉興歸詩裏，那復閑愁著病中。更是可人翹首處，鍾山如畫繞皇宫。

送何惟一御史赴雲南按察副使

才騎驄馬隔春回，又領除書遠赴臺。萬里王程勞跋涉，十年交誼重裴徊。即看憲府威聲起，曾是詞林教養來。後會有期君正健，不將離恨薦離杯。

會緦庵和謝鳴治侍講乃叔寶慶太守君寄來韻

半山喬木護空庵，奠掃來頻尚有嵐。諸謝家風今浙左，老蘇亭子舊川南。已應宗法千年立，何止親情五世覃。考室詩成想賢守，幾回歌罷又開緘。

題碧桃便面

省識霜春面，何因出鏡中。暗春吹不斷，掌上舞回風。

題張養正都憲小畫

柳岸頻收網，魚租句納官。晚來風浪急，却在把篙難。

送户部趙祥主事奉使便道省其大母

重闈春最永，手教一孫成。故里王程便，新圖壽域明。家人占鵲喜，堂客羨烏情。會取官綾誥，馳封到祖名。

戊戌清明謁陵宿齋所次韻江翰長

兩日向山行，春深野望明。寢園同駐馬，陵樹不聞鶯。寒食驚時過，清齋候禮成。歸途應便好，星斗夜縱横。

歸途次韻

謁陵歸尚早，行李向來輕。北闕看將近，東方啓漸明。群鴉驚客散，一馬遡風鳴。裊裊垂楊外，新煙動夾城。

送鄭洗馬赴南京太常少卿

法從年來屢奏功，此行争説薦書公。舊都南北舟車便，原廟春秋俎豆同。喜奉慈顔開壽域，却勞清夢繞儲宫。重來未覺霜毛盛，看續西京白虎通。

早秋遊城南宗家園亭次韻周伯常中允二首

宗老當時喜種花，至今池館壓堤沙。蒼顔一去成塵土，白日重來感歲華。多謝諸公同駐馬，却憐猶子解持家。高城暮鼓催歸急，不得臨風奠一瓜。

愔愔殘暑逗輕紗，馬入南園識舊家。隣釀旋分燕市酒，土宜時供歙州茶。田苗有雨秋初熟，林影無風晝不譁。我已分爲東道主，請君隨賞四時花。

送王廷貴祭酒先生考績還南京

高皇定都日，首事在國庠。青衿變左袵，木主開中堂。啓運今百載，弦誦聲逾長。先生晉陵彦，手握司成章。抗顔曾幾何，述職來帝傍。館閣多故人，鬢髮驚蒼浪。平生相慰藉，講下無留良。承恩復南轅，頓首辭明光。望望雞鳴山，奎星夜垂芒。願言崇令德，舊輔登巖廊。

晚香爲太蒼陸處士作處士職方文量之叔父。

篤行老不衰，有美陸仲父。平生得高趣，卓爾在秋圃。群芳坐銷歇，黄花正紛吐。凛如千歲夫，歲晚節逾苦。窅窕林亭間，相對傲風雨。慷慨陶徵君，遺踪未榛莽。亦有韓相國，功名照千古。出處雖不同，景行吾所取。湯湯末流中，誰能立孤柱。千里聞德馨，相思動吟塵。

送日者方生還龍游

方生談禄命，往往不受金。謂是五行理，豈易鈎其深。我知據所得，稍稍從規箴。貴賤有天定，中否非所任。子術誠若斯，子道良足欽。曲學以阿世，悠悠覺何心？

題雜畫

一

青山寂無人，空陂澮流水。垂楊不勝春，摇摇蘸清泚。

二

涼月滿荒原，長空白露蘩。偶來疎柳下，倚杖欲何言。

三

落木凌秋下，青山對面開。澄江可消酒，隨意放船來。

四

夜下竹林灘，水平船不動。倚棹醉眠人，襟懷浩難共。

挽彭處士夫婦國子監丞英之父母。

隱君元是彭仙後，一日凌風去不回。寂寞王屯坡下路，杖藜誰復聽松來。

我愛梅邊最不群，每從先達訪遺文。由來國子先生母，却是梅邊嫡派分。

擇繼當時屢問名，邑南唐氏有家聲。平生婦道堪書處，請看彭門七弟兄。

題梅贈山海蕭生赴山東秋試

孤芳自是不凡材，顧影臨池首重回。已報東歸消息好，春光隨馬過關來。

送陳宏知事

風浪曾驚灩澦堆，憐君新手護高桅。相逢話舊渾如夢，已過年光二十回。

烏帽西歸向我辭，久來忘却贈行詩。聞君歌罷還惆悵，轉覺吟情愧往時。

隨牒年來多苦辛，青雲此日荷恩新。南都列衛應相問，知是尚書幕府人。

蜀人陳宏，舊從事于家君，謹愿人也。邇者赴官南京，過予別，且道往歲相從于峽中遇險事及誦予天順癸未贈渠之作，蓋茫然不知其爲誰我也。語罷，情不能已，賦三絶以貽之。

詹駕部天澤出知建昌便道省母得五字

采采碭中姬，肅肅詹氏姥。夫君久違榮，家事獨攻苦。衮登龜算七，兒有鳳毛五。一人迥超群，宦學邁其父。誥錫盤龍書，名屬司馬部。揭分郡守符，綰此建昌組。仕途與家便，慈容喜先覩。松陽歲將闌，梅萼紛已吐。畫堂開宿醞，綵服動新舞。遂哉忠孝心，君恩子何補。

校勘記

〔一〕時出應人求　「求」，原闕，據四庫本補。

〔二〕弦誦遥連赤城塢　「塢」，原作「鳴」，據四庫本改。

篁墩程先生文集卷六十七

詩

十月二十七日出都城

供奉金鑾十四霜，寧親恩許暫還鄉。花驄遠給從官廄，寶鏹分頒出尚方。行色漸驚殘臘到，歡心那説畏途長。篁墩宅畔寒梅樹，定發新花候解裝。

盧溝别諸親友

夕陽初下古城頭，雪浪凝寒沸不流。多謝同袍舊知己，殷勤相送過盧溝。

晚次良鄉

晚宿良鄉館，離家第一程。便應今日夢，南北兩關情。

早發

古城衰柳散朝鴉，撫景全忘驛路賒。山色西來寒潑黛，日光東出暖蒸霞。遠人僕僕行躔費，一處摇摇酒幔斜。此去前村知已近，耳聞雞犬隔林譁。

涿州道中録野人語良鄉役夫。

我行范陽道，水次遇老叟。時當孟冬盡，破褐露兩肘。邂逅一咨諏，向我再三剖。哭言水爲沴，天意苦難究。今年六月間，一日夜當丑。山水從西來，聲若萬雷吼。水頭高十丈，没我堤上柳。手指官路旁，瓦礫半榛莽。昔有十數家，青帘市村酒。人物與屋廬，平明蕩無有。水面沉沉來，忽見鐵樞牖。數日得傳聞，水蝕紫荆口。老稚隨波流，積屍比山阜。遠近皆湯湯，昏墊弗可救。如此數月餘，乃可辨疆畝。下田盡沮洳，高田剩稂莠。農家一歲計，不復望升斗。官府當秋來，催租不容後。嗟嗟下小民，命在令與守。更有觀風使，仰若大父母。見此如不聞，恐或坐其咎。我民千餘人，血首當道叩。始獲免三分，有若釋重負。奈何急餘徵，日日事鞭歐。夫征又百出，一一盡豪取。悲哉一村中，竄者已八九。老夫家無妻，一兒并一婦。兩孫方提携，儘可慰衰朽。豈期天不弔，一旦遂窮疢。一兒水中没，一婦嫁隣某。兩孫鬻他人，償官尚難勾。老身自執役，有氣孰敢抖。反羨死者安，苦恨生多壽。詔書開賑濟，奉者有賢否。終爲吏所欺，此食亦難就。與其餒填壑，不若舉身走。一飽死即休，寧復念丘首。呼天一何高，呼地一何厚。我聞老叟言，垂涕者良久。恭惟天子聖，化澤被寰囿。聲色弗自御，遊畋敢誰誘。稼穡深所知，真如古明后。庶徵豈不諳，一變故非偶。無乃諸臯夔，此責當敬受。誰謂斯民痛，不可事焫灸。我亦食人禄，深慚結朱綬。豈無致澤心，無地可藉手。立馬野踟躕，悲風動林藪。

遇廣東守臣進鸚鵡

綠衣朱喙隴山禽，入貢新從廣海潯。輦致已聞經萬里，購求何説費千金。奉宸固表王人敬，却獻誰知主上心。不見韓公嗟二鳥，馬頭回看一長吟。

新城公館夜夢亡弟借邵文敬主事壁上留題韻

弟兄無分過中年，千里雲山望眼穿。地下有時還見汝，人間無路可呼天。英魂彷彿歸何處，此夜分明到我邊。公館北風吹夢醒，不知衾枕已汍然。

渡白溝

白溝東下水如襟，不盡行人弔古心。戍壘風雲流斷岸，農家煙火半空林。往來此日通燕、粤，興廢千年説宋、金。似有漁郎知此意，櫂歌聲入水雲深。

雄縣城南潦水成湖渡二十餘里

雄縣城南初問津，一片湖光青鏡匀。櫓聲幽軋頗清耳，帆尾招摇如唤人。江南路景或轉徙，冀北征夫多苦辛。扣舷笑欲問河伯，海水桑田今幾春。

晚行至任丘

任丘舊屬鄚州，州今廢，止餘空城，中有鄚市鎮，扁鵲墓在道傍。

風塵獵獵馬蹄翻，旋覺殘陽下古原。五里路中三渡水，十家村裏九頹垣。一坯尚指盧醫葬，兩壘空餘鄚市存。此夜客懷應漸好，計程明日到鄉園。

過石門橋鋪

道上人稀日出遲，弊裘風起不勝吹。馬行冰地如臨鏡，鴉啄霜田似閲棋。野寺飰時鍾隱隱，誰家畊處塚纍纍。晨門一去無消息，竚立河梁有所思。

至河間之明日拜掃先世賜塋

勢擁長岡面四岑，千章喬木藹成林。幽堂結聚乘生氣，天語昭回焕德音。百世幸培先業厚，一家難報主恩深。敢將衣錦誇鄉里，忠孝相傳本夙心。

發河間出南門拜外祖林處士墓遂至舅家飲别

騎出瀛東門，朔氣侵衣裳。歸然外家塚，枕此官道傍。下馬一頓首，草木寒無光。去塋數舉武，升我舅氏堂。舅年六十餘，鬒髮驚蒼浪。老妗悲且喜，叩我家事詳。賤子再拜言，有親天一方。晏歲東南征，岐路多風霜。憶昔四小甥，玉立森成行。豈期中道間，少者多淪亡。人生若電火，展轉摧中腸。矧兹遠行役，聚散安可常。但願母家好，慶遠流彌長。盡此酒一尊，别淚紛瀼瀼。去住兩凝睇，古木留殘陽。

途中寄别官主事廉

澇水潺潺似海流，歲功那得半分收。眼看餓殍盈官路，手奉恩綸出帝州。生意漸回千里望，夙心應慰九重憂。明年二月還過此，擬有歡聲達冕旒。

獻縣望河間獻王墓

吕嬴播虐燄，天下無典籍。楚賊嗣其兇，掌故不能匿。迨彼馬上公，儒者猶失職。更化凡幾年，書禁始銷熄。斯文天有意，宗賢起王國。開府兩河間，恭文自天識。憫兹簡册灰，訪購靡餘力。遂令先王書，次第乃有得。緬懷仁義風，禮樂餘漢策。高丘獻城東，寒日下荆棘。後生已千載，私淑仰遺德。

渡滹沱河

寒風挾霜起，冰浪從西來。下觸斷橋柱，碎此千瓊瑰。流響甚清冽，驚波屢盤洄。官舟大如掌，疾櫂過南隈。古來濟川人，感激多良材。

阜城晚遇南京户部張彦質郎中附奏江南旱灾

詔使頻年發，皇恩豈不覃。水方滰冀北，旱復苦江南。天意嗟何極，民生半不堪。同袍夜相語，禄食漫懷慚。

阜城南門過御莊鋪乃劉豫始生之地

白草和煙覆矮墻，一間茅屋野茫茫。居人不唾劉郎僭，猶把亭名號御莊。

景州望董子祠

先哲巍巍老仲舒，古祠猶枕舊園居。一時仁義江都相，百世淵源魯國儒。稍慰夙心思奠水，仰瞻遺像欲停車。後生碌碌成何用？翹首風前思有餘。

書所見十四韻

大水那能望有年，恤民恩詔喜拳拳。事憑公廩終難濟，情到官莊最可憐。河間一府，官莊共一百三十餘處，少者三五百頃，多者千餘頃，甚至有跨縣者。占取膏腴多極萬，索來金穀動盈千。税於子粒偏加重，公田畝起科多至三升，官莊畝起子粒三斗。賦入荒年亦未蠲。今歲凡被災之處，或免三五分，或免七八分，或全免，惟官莊畝科銀一錢二分。港次半收煙火價，凡近莊蘆葦場不許人樵，樵者皆先納煙火錢方許。野中分握草場權。凡近莊草地，有官馬入其域，不論千百數，悉拘之，每馬科銅錢三十文始釋。雞豚已盡田間利，凡官莊納子粒時，二頃附納一豬，一頃附納一羊或一鵝，二十畝納一雞。舟楫仍需水面錢。近官莊地被水没者，往來必須舟渡，每舟月科銀三錢，謂之水面錢，其田在官河兩岸者，亦終歲科此錢。泛使不禁頻去住，莊主每歲四季遣人徵子粒諸色，其家臣八人，率游手六七輩，直入官府，呼叱守令，日需下程雞酒魚麵諸物，官府不能詰。小民何日許安便。伐殘桑棗惟餘地，典盡車牛莫訴天。今歲大水，桑棗多死者，因伐以償官莊。地中寸草不生，車牛俱賤折售于官莊。罪縶便連兒女輩，每子粒不敷，莊主即遣人拘囚民間子女，有捶死者，有因而污之者，其苦最甚，鞭笞寧計令丞員。獻縣令被莊主笞四十，幾死，予過其境，猶曳杖來迎。屋廬毁廢淪波底，自雄縣以南幾千里不復成村，十室所存惟一二頽垣，老弱流離委道邊。糠粃無端爭入市河間一帶市中賣糠及哇哇者，取豕食和水而取其汁以食人，酒漿那復敢開壥河間以南，村中不復有酒家。監門有淚揮圖上，守土何人達帝前。愧我身非觀察使，傷心聊述紀行篇。

日出入行

朝看紅雲出東海，暮看紅日沉西山。西沉東出不自已，行人到此傷心顔。家居徽歙間，身綴蓬萊班。南親闈兮北帝闕，古來忠孝兩難盡，此途此去終來還。仰天戴日歌一曲，不覺清淚流潸潸。

過永昌橋野老云太宗靖難過橋以舊名晉起不雅特更今名

界石巍巍表縣封，永昌橋上午陰濃。漁郎不復歌前代，野老猶能説太宗。幾里護村堤似玦，大河分派水如龍。臨風不覺徘徊久，極目高唐已暮鍾。

過南鎮店二首

陰靄如滋穲麥，野風時振枯桑。午市方趋南店，早行已届東昌。

林外依依煙火，道中轆轆車聲。廢碣猶傳蒙古，短亭正及茌平。

茌平道中

落日茌平道，孤村未掩關。望中青隱隱，人説是陶山。

入東平山中古墳以百十數殘碑斷礫多有年月可識

山過東阿兩路分，草中無限昔人墳。等閑却忘征驂苦，貪看殘碑到夕曛。

東阿王

我愛東阿王，翩翩貴公子。雖讀萬卷書，日日弄文史。已乖弟兄好，更遂君臣理。盜漢者何人，胡不相諫止。所以大道行，重義不重死。淒涼豆萁詠，掩卷吾不齒。當年開國地，寂寞小山趾。諒哉朱昱心，千載有餘耻。

梁顥墓

顥年四十餘登第，官至秘書，卒年五十餘。子固亦登第，爲執政官，名載宋史，而當時好事者傳其八十二舉狀元，至其子孫亦無知者，詩以訂之。

四十登科五十亡，史書猶載秘書梁。誰將鶴髮欺公道，遂使龍頭失故常。世俗固應多訊耳，子孫何得誤傳芳。有靈地下還知此，獨對泉臺笑幾場。

汶上

家家文石甃街渠，盡是頻年伐塚餘。所獲自收金玉外，不知曾見殉書無。

夜次兖州寄安丘王府教授鄒鈍夫

半生交契説鄒陽，年少才名獨擅場。誰意兔園今白首，只將詞賦動梁王。

寄衍聖公

闕里巍巍入望中，後生山仰意何窮。文光遠燭奎星上，聖澤長隨泗水東。崇德已隆昭代禮，象賢當有素王風。十年濫接葭莩契，寸札殷勤託便鴻。

兖州東南望孔林居人謂之夫子塚云在九龍山下其山九峰故名

闕里何年到，匆匆一望間。人言夫子塚，正在九龍山。

嶧山歌

行人朝行嶧山下，山色凌寒翠堪把。秀峰斗絶倚穹霄，複嶺蜿蜒走平野。路傍岩石亦嶮巇，上似熊羆下牛馬。征夫爲我一一言，數十殘碑尚堪打。不知何代帝王來，馳道猶存古磚瓦。靈湫一眼透山巔，時有風雷起長夏。土老能占絮帽雲，刻日甘霖應時灑。於中勝境難具論，洞府多藏石尊斝。入眼方知造化工，披圖始覺丹青假。蹇予素乏塵中緣，最是平生愛山者。驅馳未暇一登臨，浩蕩襟懷向誰瀉。思將短曲慰山靈，安得長才繼騷、雅。

鄒縣城南拜亞聖祠下

萬年文運若循環，此道誰堪繼孔顔。但使七篇當世用，便應三代舊風還。子孫故里題鄒國，俎豆嚴祠對嶧山。下馬望塵修敬處，夕陽川上水潺潺。

憩滕南郵亭

家山疑在望中青，征馬蕭蕭此暫停。屈指過江南北路，還過百二短長亭。

九日怨十章

亡弟克寬始生日在歲之重九，自號稔菊，每自江南赴北京秋試弗利，輒過是日乃告歸。滕縣道中，馬上忽忽念此，殆不能爲懷，因集古詩十絶，題曰九日怨，用以泄予之哀思焉。

黄花半老清霜後，憶弟看雲白晝眠。妙質不爲平世得，悠悠生死别經年。
滿城風雨近重陽，馬上誰家白面郎。時復看雲淚霑臆，寒花猶作去年香。
懷抱何時得好開，陶然共醉菊花杯。一行書寄千行淚，竹死桐枯鳳不來。
惠連群從總能詩，一夜霜風凋玉芝。叢菊兩開他日淚，欲懽無復似當時。
此身那得更無家，節及登高忽嘆嗟。人面不知何處去，一年容易即黄花。
南菊再逢人卧病，浮雲世事欲如何。哀歌未斷城鴉起，鴻雁不來風雨多。
物色生態能幾時，九日尊前有所思。遥知兄弟登高處，此恨綿綿無絶期。
愛而不見心斷絶，瘦馬獨吟真可哀。寄語風光共流轉，菊花從此不須開〔一〕。
與君今世爲兄弟，未必秋香一夜衰。古往今來只如此，九重泉路盡交期。
遍插茱萸少一人，蒼苔白石已成塵。人生在世長如客，更結來生未了因。

彭城廢縣南謁漢高祖廟

古原荒樹倚村斜，高廟威靈亦可嗟。警蹕千年餘塑馬，鐃簫終夕舞神鴉。碭山落日銷雲氣，睢水寒風捲岸沙。漢、楚興亡那復問，一龕燈火屬僧家。

徐州望子房山山上有祠

子房祠在望中岑，蔓草寒煙尚可尋。五世報韓終有恨，一時興漢本無心。書傳黄石知真假，名配青山自古今。立馬斜陽無限思，天教風壑助豪吟。

徐州驛舍竹林可愛

徐州驛裏蕭蕭竹，好手應難入畫圖。北客南來初見此，不勝清思繞江湖。

不寐

千載逍遥堂，獨卧愁不語。北風吹竹林，一夜響寒雨。

徐王墳

兆域巍巍近鳳陽，萬年坤德此開祥。當時不是靈源厚，異姓誰封一字王？

夾溝山中夜行

馬渡夾溝東，溪橋卧斷虹。夜闌群動息，月出四山空。物色歸塵外，天形入鏡中。茲遊奇絶甚，琢句恨難工。

同年范嘉龍御史於大店驛相候叙話良久乃别

浮生聚散若飛蓬，驛舍那知此會同。可是故人非白眼，獨勞前路駐青驄。雲回峻嶺朝含日，霜入疎林夜戰風。近事忽忽談不盡，出門車馬又西東。

固鎮驛早發集古二首

中夜起坐萬感集，有時顛倒着衣裳。病身最覺風露冷，離思杳如關塞長。
正睡夢中行十里，東方明星亦不遲。但見烏帽出復没，馬首東來知是誰。

渡淮次濠梁

萬里無風起片雲，中流一緑浩沄沄。源從桐栢山中瀉，路自濠梁驛下分。賈客帆檣依岸宿，皇陵鍾磬隔城聞。逢人欲問觀魚樂，莊子臺前又夕曛。

中都形勝

境當南北建中都，形勝遥應古亦無。四望河山圍太寢，仰知天地肇皇圖。復田萬世還過漢，開國元年尚紀吴。立馬臨淮城下路，五雲回首欲嵩呼。

鳳陽南二十里陟小嶺望見環滁諸山

一時飛思薄青冥，水墨圖開萬里屏。若箇溪山幽絶處，釀泉聲繞醉翁亭。

沙磵鋪山行

玂玂寒風吹日黄，山中隨處磵聲長。不知早稻皆成草，猶自涓涓下野塘。

鳳陽南行失道誤趋定遠

自我爲近臣，塊坐今幾春。出門眆何之，引躅隨他人。南行二十日，但喜郵亭匀。渡淮宿濠梁，亹亹夜問津。曉入定遠山，四顧驚荒榛。人言此道非，迂遠難具陳。跋馬重嘆息，寒日吹沙塵。古來賢達士，岐路多霑巾。安得指南車，慰此長途身。

池河驛山行二首

隔宿風銷野際，登時日出林端。牛羊自占坡暖，鵝鴨不知水寒。

古寺火燒梵塔，空壇水没田塍。行人時復駐馬，野老適來負薪。

途次偶成

寸寸田塍接磵阿，一叢茅屋枕坡陀。馬蹄已近江南路，漸覺人家水竹多。

大鎗嶺

四顧峰巒劍戟攢，丹梯百折暗中盤。凝眸叵測東西闊，仰面惟愁上下難。土著已諳猶足弱，客遊雖壯亦心寒。我來疑是兹山幸，欲寫微名石上刊。

晚過大柳樹驛南京三衛列峙山中。

大鎗嶺下馬頻揮，大柳岡頭客漸稀。烈火燎原𧇾虎避，疾風驚草雉雞飛。山迴轉覺郵亭遠，夜下先愁驛路微。野戍誰家多種竹，旅懷當此更依依。

月夜渡清流關

壁立萬仞清流山，橫截萬古清流關。人間險固不可少，老天生此青孱顔。平生細讀五朝史，柴郎亦是奇男子。斬關縛取二將軍，點撿真人入驅使。我來弔古當窮冬，陰崖草木號天風。當時戰處杳無跡，惟有明月留山中。聖代車書會同久，此地無勞置官守。長歌一曲下關來，夜市還沽釀泉酒。

次滁陽贈州守劉焕

瑯琊山下水聲長，六一堂前草樹荒。駐馬喜逢劉郡守，風流猶解説歐陽。

早發滁陽戲題

夜到滁陽只困眠，去時纔及五更天。匆匆諭德人應笑，何不來嘗庶子泉。

過家君舊任太僕所居聞當時及門者惟典術魏延一人

行雲落日繞鄉園，廄馬如龍草自蕃。聞説舊時門下客，蕭條惟有魏生存。

望瑯琊諸山不及遊典術魏延追及誦吾同年莊孔陽司副四十年來方一到之句不覺笑曰孔陽謝病居江浦去滁不百里而近尚半世一至況六六我輩乎馬上次韻一首以示延便中寄聲孔陽未必不爲之撫掌也

林壑分明自一寰，釀泉聲出兩峰間。百年紙上看陳迹，寸日忙中負此山。到處僧爲風月主，生來誰似水雲閒。逃名更笑莊周懶，半世方成一往還。

和州香淋寺浴湯泉

山根流出暖湯湯，暗處斜分到石堂。千里風塵消半霎，一團和氣靄中央。何年混沌初開竅，此地温柔别是鄉。浴罷不知將夜半，老僧頻換佛前香。

渡江次采石

二十年來塵鞅中，臨江喜遇快哉風。六朝隱隱寒山翠，萬里沉沉夕照紅。絶海舟航南北共，兼天波浪古今雄。擬沽采石磯頭酒，澆我平生磊磈胸。

李白墓

誰見吟魂月裏歸，臨風懷古思依依。史中出處猶真僞，地下形骸果是非？采石人家空奠酒，盛唐詩派不傳衣。騎鯨浩氣今安在，一片江流蕩落暉。

冬至行慶賀禮于太平府中

一線陽隨夜氣生，瞻天隨例拜江城。不知此際文華殿，誰導青宮鶴駕行。

黄池

黄池鎮下曉揚舲，扶上肩輿尚見星。草結鮮紅鵶眼粟，竹摇蒼翠鳳尻翎。人家愈覺園林密，郵舍初分道里停。已過江南三百里，鄉音入耳漸中聽。

太平山行

江南風土最怡情，臨水人家分外清。輕櫂野航如使馬，密栽高竹似連城〔二〕。好山隔岸開真畫，絶磵流泉奏古笙。北去定應勞夢想，題詩留與白鷗盟。

敬亭山

青山一萬仞，我愛敬亭名。勝概一千里，分疆及數城。不夸遊目騁，轉覺道心生。李白題詩在，風流續未成。

宿宛陵書院

自從删述來，詩道幾更變。騷些無遺聲，漢、魏起群彦。謝絶及宋沈，入眼已葱蒨。頽波日東馳，李、杜出而殿。當時多渾成，豈必事精鍊。云胡倡唐音，趋者若郵傳。坐令詩道衰，花月動相眩。千載宛陵翁，惟我獨歆羡。翁詞最古雅，翁才亦豐贍。一代吟壇中，張主力不勸。遂使天地間，留此中興卷。如何近代子，落落寡稱善。紛紜較唐、宋，甄取失良賤。無乃久浸淫，曾靡得真見。渺渺歲將夕，南來宛陵縣。頓首升翁堂，松竹猶眷眷。感慨撫陳跡，江水一再奠。我心夙景仰，我學誠襪線。上想三百篇，斯境復誰薦。

寧國縣道中

宣、歙巍巍接縣封，忽驚身世得奇逢。高懸石棧三千丈，四合雲峰百萬重。野廟鬼神疑作怪，水田蛇虎動留踪。人言此去仍多景，自保看山力未慵。

早發湖樂鎮過黄木嶺遇佐時及鄉人來迎

湖樂鎮下更未闌，黄木嶺頭山火寒。峰腰霜滿一尺徑，磵底風生千仞灘。歸心急喜到家好，側足方知行路難。前途忽與故人接，相對不覺成悲懽。

過叢山關入績溪界巧溪橋

江南江北路迢迢，馬上朱顔漸覺凋。今日故鄉初入眼，叢山關下巧溪橋。

十里巖

不知何代起神雷，鑿此雙峰壓路開。數點落星浮水次，一灣晴雪灑岩隈。詞人試險身全汗，劍客臨風志未灰。我欲深鑱崖石上，改封君作大飛來。

至家

終日思歸今始歸，故人喬木尚依依。庭闈喜極翻成泣，手足情深事已非。良夜却虛姜氏被，半生長負老萊衣。愁來便欲求終養，恩詔丁寧未敢違。

謁先塋于水橋干

松蘿山色蕩朝暉，先壟依然樹一圍。累葉相承支系在，百年今見眇孫歸。堅珉近勒尚書表，故篋猶傳相國衣。我願宗人勤種德，幾家文獻重南徽？

哭亡弟克寬于南山堂僧舍

寸心如折淚如麻，恨殺鴒原日易斜。黄卷有期承世業，朱顔無分樂年華。佛前已悟身爲幻，夢裏長驚目是花。千里遠來多爲汝，有靈今夕定還家。

汪王廟

王諱華，隋末保據歙、宣、杭、睦、饒、婺六州，稱吴王。唐初内附，封越國公。土人德其全郡之功，廟食至今，子孫最盛。

聞説真人起晉陽，六州圖籍便歸唐。干戈竟免群生難，簪笏宜傳百世芳。封誥尚存題越國，史書全失紀吴王。叢祠香火年年盛，知是英魂戀故鄉。

五顯廟

五嶺巍巍奠一州，炳靈寧不異長流？火旗雲馬分明見，風魆山魈次第收。滿坐遺形如伯仲，當時封爵比公侯。神功最是難忘處，歲歲居民慶有秋。

拜先世祖梁將軍忠壯公廟于篁墩

公諱靈洗，以布衣起兵禦侯景，保全鄉州，謚忠壯，公廟在祀典。

僭侯東下勢難支，出處如公最有辭。忍見松楸污賊手，徑提戈甲濟王師。兩朝勳德收前史，一郡蒸嘗奉古祠。再拜遺容風動幕，凛然猶是起兵時。

拜先世祖晉新安太守府君墓于雙石

府君諱元譚，以循吏賜第新安，新安之程皆其後，事具方虛谷碑。

南朝遺跡半無聞，我郡猶傳刺史君。當日循良開甲第，至今行旅識荒墳。百年守令孤芳在，萬指兒孫一派分。不見墓田雙石磉，白楊寒雨晚紛紛。

紫陽書院專祠文公，鄉賢祔食，院額宋理宗親書。

千載山堂倚故墟，兒童能識紫陽朱。鄉賢依附襟裾末，縣令周旋俎豆餘。恩典近延徽國譜，奎文猶刻理宗書。平生學道全無似，九拜趋庭愧小儒。

拜先世族祖宋丞相文清公元鳳祠宇墓于古城關積慶寺

石獸行行草樹間，往來人說古城關。先靈幸託青蓮宇，上相曾分玉笋班。一族再分昭穆序，百年初識祖宗顔。非才豈足光潛德，負此穹碑勒墓山。祠墓碑文，予所製也。

臘月半後祠堂前并後園梅花盛開敬次家君卷中舊韻二首柬克儉

年來空對寫生堂，的見冰容自不常。疎影似龍清戰月，貞心如鐵冷欺霜。祇知菉竹堪爲友，轉覺凡花不是香。風味獨當充鼎實，肯隨脂粉媚含章？

亭亭玉立晚風前，春意終歸雪意先。後院根如前院好，南枝花比北枝妍。胡雛舊曲吹山月，姑射新妝照水天。明發定應勞夢想，乞將消息往來傳。

先忠烈王遺蹟十二詠

王諱靈洗，徽之休寧人，當梁末以布衣起義兵禦侯景之亂，州郡獲全。後爲大將，屢立戰功，封重安縣公以卒，贈鎮西將軍開府儀同三司，謚忠壯。生子二十二人，其胤愈盛，凡徽之程皆祖之。而土人德王之功者，因相與廟祀至今。宋號其額曰世忠，累封廣烈孚佑顯應忠惠侯，加封忠烈顯惠靈順善應公。元時再拜進王封。本朝載在祀典。出處之詳，具于史傳。然其遺蹟，在鄉郡最多，而散出無紀。敏政輒收萃之，以便子孫觀覽。其所未知者，尚俟他日追補焉。

射蜃湖公所居在篁墩湖側，湖之神嘗見夢于公，曰：「吕湖蜃將恣陷篁墩諸村，明當與之決戰，披白于肩者我也，敢求助于公。」明日，公俟于湖上，頃之霧晦，水聲洶洶，兩牛角于湖上，而肩白者屈，公一矢中其黑者。已而晴明，湖水皆赤，不踰夕，有黑蜃斃于吉陽灘下。

青草湖陰路，神人跡尚留。雕翎方出彀，蜃氣不成樓。亂石灘聲急，連村樹色稠。

英魂知不散，時向此中遊。

白石阡公射鳫後，有黄冠叩門曰：「感公厚德，無以爲報！」引公至黄牢山下，以白石志之，曰：「遷此可暴貴也。」言訖不見。公奉母夫人葬焉。

湖上妖氛滅，山前吉兆開。黄冠離水府，白石定泉臺。墓碣龜仍在，冥儀獸半摧。年年寒食雨，時見遠孫來。

相公木射鳫湖中有巨木，相傳爲射鳫時所立棚木也。更代猶存，漁者觸之必有禍，號曰相公木，以公爲開府儀同三司，故云。

棚木長千尺，蜿蜒距水涯。皴皮纏荇帶，老色映蘋花。雷雨春驚蟄，星河夜汎槎。漁舠莫輕近，神物此爲家。

鼓吹臺公起鄉兵拒侯景時，嘗率諸少年習戰湖上，傳聞風雨之夕，猶有鼓吹聲。

壯士昔登臺，鄉兵取次裁。鳴鼙催陣起，吹角召軍回。舊事傳遺老，荒臺没草萊。至今風雨夕，猶訝戰聲來。

鏵卜橋公破賊後，散兵于農，方自負鏵入田，而朝命適至。公倉皇以鏵置水中，卜休咎，得吉卜焉，橋因以名。

荷鋤方出郭，徵詔忽臨身。問吉占田具，祈靈拜水神。風雲曾得意，溪壑自生春。竚立長橋下，悠悠跡未陳。

洗馬池公與侯景别將戰後，洗馬于此。

山前收戰後，洗馬向晴波。髀肉加鞭久，腰痕受箭多。敵兵愁棄甲，征戍喜投戈。舊蹟無尋處，沙頭剩緑莎。

射的山公將兵過旌德，抽矢射山，誓平侯景，故名。

空山崖石上，羽鏃半留形。鳥過不敢下，苔封疑有靈。子孫傳野史，守令刻新銘。亦有南開府，忠勳繼汗青。

歃血臺公與諸將討侯景，會盟于此。

勤王初受命，仗劍即登壇。左袒人争奮，中興事不難。令巖朱雀幟，盟重白雞盤。想像臨戎處，荒山草木寒。

相公湖公故宅匯爲湖，時有巨魚出没，人不敢取，天氣清晏，時見宫室其下。

將軍本龍種，居處化淵中。變態時常見，真游路不通。渚宫隨燭顯，海市向陽空。不似多遺愛，人争説相公。

千年木公自營兆域，祝曰：「子孫能大吾門，當生大木！」既而生櫧木一株，大且十圍，後爲風雨所偃，旁出二枝，宋時猶合抱云。

嘉木何年種？龍嵸護古墳。蛇皮斜溜雨，龍角上排雲。手植傳鄉土，神遊隔世氛。子孫今萬派，冠珮日紛紛。

相公壇公薨後，土人於千年木下爲壇奉祀，以社公配焉。

結壇嘉樹下，村賽鼓逢逢。老穉冠裳雜，雞豚俎豆豐。靈旗朝送雨，神馬夜嘶風。自是陰功厚，年年配社公。

世忠廟宋時鄉人以公靈應，請立廟，朝議以公爲趙忠臣嬰之裔。元累封忠烈王。本朝載在祀典。

立孤人去遠，孫子更流芳。忠節高千古，神功被一方。舊祠傳異代，新爵换真王。何幸南歸便，焚香拜寢堂。

東密巖乃先世祖都使公澐、淘兄弟起兵拒黄巢處。

萬仞巉巖百里長，此中曾蹶草頭黄。衣冠税駕趋行在，兄弟登壇守故鄉。一代風塵山戍遠，千家煙火石臺荒。水田折戟時常露，知是先人舊戰場。

齊雲巖上有玄武觀。

四山回合杳難窮，翠錦屏開面面工。巨石穿雲成户牖，半崖飛雨作簾櫳。地靈今古神先據，境隔仙凡路可通。極目丹丘何處是？巍巍樓閣起天中。

何年絳節此中停，五老依然護紫庭。鍾鼓分頭雙岫碧，香爐當面一峰青。匡廬未敢爭誰秀，玄武應知不自靈。勝覽日斜歸未得，細磨蒼蘚讀碑銘。

古城巖〔三〕

乘閒來上古城巖，石洞深深似隔凡。疊巘每迎神馭下，危峰疑出鬼工劖。一溪寒水圍青嶂，萬壑天風響翠杉。知是何人先到此，斷崖高處刻題銜。

次宋縣令鄒補之巖口石壁留題之作

不見當年舊縣基，獨留孤廟想陳、隋。水過山脚無尋處，路繞雲根有斷時。雉堞草荒埋廢礎，鶗峰苔老剥殘碑。危闌却倚青冥望，入眼分明自有詩。

松蘿山

雙峽中分一徑通，寶坊遥隔片雲東。四時山色涵空翠，萬折泉聲瀉斷虹。清愛竹孫穿凍雪，靜聞松子落香風。登高兩屐吾方健，携手無因得贊公。

斷石村

大星何日墜滄浪，點破風前一鏡光。野櫂偶來幽磵側，古詩誰刻斷崖傍。丹梯恐躡蒼苔滑，雲碓時舂白稻香。西望欲窮山盡處，石人峰倚暮天長。

飲楊浚明推府宅夜歸宿城隍道院

醉投琳館一燈殘，葉上蕭蕭雨未乾。乍入故鄉翻似客，倘成新社即辭官。好山有約遊方健，勝地無塵夢亦安。半夜涼風吹酒醒，恨無奇句寫琅玕。

校勘記

〔一〕菊花從此不須開　「須」，原作「雖」，據四庫本改。

〔二〕密栽高竹似連城　「密」，原作「蜜」，據四庫本改。

〔三〕弘治休寧志卷三十六此詩題作「遊古城廟偶作」，署：「成化己亥春正月二十日邑人程敏政書。」

篁墩程先生文集卷六十八

詩

二月一日辭親赴京出休寧東門

賤子来何時，倏焉戒晨裝。王程難久滯，俛首辭高堂。哽咽不敢啼，懼我親情傷。躑躅縣東門，涕下霑衣裳。回思古之人，仕者不出鄉。自從封建廢，坐使親義戕。我生竟何成，去住心徬徨。春陰澹如染，遥山鬱相望。願保忠孝期，桑梓生輝光。

道中與敏德弟聯句

故鄉山水忍相違篁墩？聚首無端又北歸。一路春風梅正發敏德，幾家冬雨麥初肥。杯盤祖席離情苦篁墩，車馬長亭曙色微。主上只今求道切敏德，敢將忠孝負庭闈篁墩？

漁梁壩登舟至浦口初聞雷餞者相賀

路當歙縣境，水是淛江源。竹樹知誰氏，風光似故園？峰頭嵐翠合，石齒浪花翻。舉櫂聞雷處，嘉禎感贈言。

夜宿綿溪

屈指離家又一程，蓬窗欹枕夢難成。無端水郭停舟處，半夜灘聲似雨聲。

過乳灘灘左一石臨溪，高三丈，石上青松一株。灘右瀑布一條，自石壁凡三折飛墮溪中。

一櫂迎風下乳灘，推蓬忽得兩奇觀。高崖瀑水淙聲遠，盤石孤松墮影寒。仙境恨無同志賞，塵冠思向此中弹。他時夢想勞題句，不用千金買畫看。

宿河上嶺入夜風雨大作

辭家已三日，夜泊蒼山磯。遥看月仰瓦，星斗何依稀。玄雲忽四合，黯爾燈無輝。孤眠覺有異，起坐披裳衣。長風挾雷電，雨若天瓢揮。萬響凜不測，勢恐孤蓬飛。船頭屢低昂，知是江波肥。移牀避罅漏，客心轉凄危。古云行路難，此語良不非。悄然百憂集，君父難兩違。裁詩記所遭，胡寧不懷歸？

淳安道中用漁梁壩韻有梓桐源及響山。

梓桐何年盛？谿頭尚有源。疎梅臨竹岸，細麥擁茶園。興薄飛鴉去，閒便浴鷺翻。舟師能指點，空谷應人言。

嚴州道中情思頗適

山遠沙平水似煙，蓬窗贏得枕書眠。暖風一日初黄柳，好雨連宵膩緑田。傍岸皃鷖如送客，随家鷄犬不驚船。相看便有江湖戀，耕鑿娱親在幾年。

雨中過嚴州與張時禎通判同年叙别

石梯如畫帶江樓，喜遇看花舊俊游。十四年来情不盡，東風吹雨上官舟。

嚴州東下兩山高崖瀑布以百十數

東崖瀑布如玉龍，西崖瀑布如白虹。千尋之勢不可殺，交飛亂落清泠中。小聲萬騎驅元戎，大聲五夜鞭雷公。初疑武丁舉斧開崆峒，石髓流出青山空。又疑海若上借愁天工，鬼窟遂與銀河通。北舟直下桐川東，一江春水摇春風。推蓬左右忽見此，頓清百歲塵埃胸。跡愧莊生爲世籠，才非李白憂詩窮。一盃酹水一自酌，安得凌虚浩然與尔争豪雄。

釣臺

暫擲綸竿去復還，徵書空照水雲間。桐江巖壑知心久，肯遣移文過北山？

過姚文敏公墓

三朝勳業重姚崇，最與家君契誼同。帝里風煙留故宅，仙鄉山水見幽宮。兩家莫報君恩厚，百世應存士論公。我忝禮闈門下客，不勝清淚落東風。

登富春山時鄉族商人多以索逋錢寓子陵祠下問其所從索者皆縣官也

笑賦一絶

争道先生百世師，富春山麓起崇祠。殘碑尚刻希文記，終有廉貪立懦時。

夜穿杭城宿吴山驛明日三司故人固請遊西湖又明日遂拜岳王墳飲淨慈寺時顧天錫郎中以公事寓杭不及預會

匆匆行李夜穿城，好友来尋半日盟。峰頂幾多僧錫住，湖心無數酒船行。風来廢苑堪懷古，雨蝕殘碑不記名。入眼淨慈還數里，望塵先拜岳家塋。

湖上東風水似苔，群公相約看山来。午鐘殷殷穿祗樹，春宴紛紛集寶臺。千里暫教塵夢醒，一尊思待故人開。興酣更欲尋龍井，誰有風流續辯才。

錢唐雜詠四首

水色山光似昔時，往來還動百年思。顛崖蘚蝕錢王箭，拍岸潮迎伍相祠。歲月難勝雙短鬢，興亡能博幾新詩。望中喜是林逋宅，竹外梅花一兩枝。

康王疋馬渡江時，北望誰能有所思。洛社未由驅貊虜，臨安何忍奉郊祠？兩朝和議愁通表，一卷褒忠漫有詩。只賴皇天知此意，墓林長聳向南枝。

徙倚湖山欲暮時，行人隨處動遐思。張王僭竊今無地，白傅風流尚有祠。夜靜六橋誰放鶴，春回三竺好題詩。蓬牕預買仁和酒，卧聽舟人唱竹枝。

繁華欲賦太平時，慚愧無才續左思。曉市船趨三汊港，春遊人集兩峰祠。樓臺不類人間世，風月都成畫裏詩。東望綵雲懷帝闕，暘烏初上海桑枝。

岳王墓再賦一首

南渡宗賢力相秦，不辭降表便稱臣。青衣空作還家夢，金字頻追出塞人。亂國已遭三寸舌，封王何益九原身？漁郎似識英雄恨，日對孤墳理釣綸。

皐亭山

曉受降書夜戢兵，路人猶説伯顔名。中原多少奇男子，不向燕山立漢旌。

道中六言

臯亭山前竹鋪，臨平鎮下桑園。北岸方收纜索，東風忽動檣幡。

過桐鄉晚宿皂林驛

東風吹日半晴陰，不覺船窗水氣侵。三里人家春淡淡，一江煙樹晚沉沉。

望後舟

予自錢塘望後舟不至，沿路候之。抵皂林，乃克會。因思古樂府有望後舟之名，漫賦一首。

前舟已過青山趾，後舟猶駐滄江涘。得風未可遽凌人，同在江湖作舟子。欲去不去心茫然，耳畔彷彿聞鳴舷。须臾相見謝相候，並行不礙波中天。君不見，前舟獨行方坐嘯，後舟向晚終須到。又不見，後舟載比前舟輕，反過前舟三日程。活計平生繫征舸，但願風潮共安妥。不惜朝朝望後舟，他人豈必相忘我。

嘉興拜先師吕文懿公家以陳無已丘園無起日江漢有東流詩韻敬賦十首

隔地三千里，違顔十八秋。悠悠生死恨，今日過林丘。

先皇臨御日，夫子最蒙恩。共説青山下，雙麟表墓園。

已别門墻久，猶能識舊奴。遺書三萬軸，還似昔時無。

鶴髮太夫人，見我動容喜。再拜升高堂，懷賢不能起。

夫子雖云亡，未絶詞垣筆。尚有代言書，昭昭比星日。

一代吕家府，風流重此邦。重来還記取，雙户對寒江。

之子讀遺經，青年盛文翰。皦皦丹鳳雛，居然立霄漢。

夫子本清白，芳名亦難朽。豈無富貴家，灰飛竟何有。

濫逐門生後，何才輔兩宫。百年含愧處，此道不曾東。

一瓣香難致，官亭促去舟。船窗應作夢，清淚早先流。

過太湖追和宋蘇舜欽韻

萬古淵源直到今，征帆如葉望中深。天留白塔分平野，雲擁青山入太陰。江勢西来寒匯玉，日華東出暖浮金。蘇郎死後閒風月，吴下何人續勝吟？

李員外應禎吴太史原博約遊虎丘

日散林霏見虎丘，故人清約此閒遊。望深緑樹知藏寺，吟遍青山始繫舟。塔院風来花似雪，劍池春到水如油。酒闌不盡吴中勝，老衲相招更倚樓。

虎丘之遊沈啓南在坐作畫一幅再賦一首

蒼崖題字半留痕，笑倚東風酹一尊。寺主繞山開竹牖，園丁隨路作花村。聽經石古苔生繡，葬劍池深水不渾。入眼有詩吟未得，天機都屬隐侯孫。

雨中次無錫寄秦廷韶太守

南来欲試惠山泉，春雨横江懶繫船。咫尺故人難晤語，相思時誦竹罏篇。

寄華守正

百里江鄉石路斜，東風相隔渺天涯。離人十載今何似？無限情懸孝子家。

秦廷韶太守及九龍山樵陸懋成請遊惠山遂酌第二泉飲聽松庵次少師姚廣孝留題舊韻一首

江雨吹風過，山門向晚開。汲瓶分水去，騎馬聽松来。老鶴驚人起，新篁夾路栽。多君憐别意，随處送春杯。

留題聽松庵次廷韶韻

一庵門對老松開，鎮日風傳萬壑哀。古井暗泉寒瀉玉，長廊陰雨滑生苔。鐘聲忽自山中出，人影遥從樹杪来。未濯塵纓還自笑，籬根蒼犬合驚猜。

寄鄒鏞

尚書幕下總能文，曾説鄒陽最出群。此日相思空倚櫂，暮天寥落見行雲。

遊惠山與廷韶賦詩看懋成作畫不覺至暮相别未數里風雨大作竟悮一程船窗燈下漫賦一律奉寄二君子

笑坐泉亭汲水嘗，偶然行樂便相忘。南来漸有江山癖，北去那憂歲月長。好景正堪增罨畫，短吟猶未病奚囊。早知風雨春江暮，悔不随緣宿上方。

常州飲廉伯家

舟到毘陵晚不移，相留曾是十年期。坐間總説江南樂，别後應懸冀北思。夜酌不知更已换，春城偏與月相宜。歸来忽記豪吟處，稍覺閒情似往時。

謁京口魏勝將軍廟

長風吹山磯，落日下京口。桓桓魏將軍，廟食此邦久。土馬剩儀衛，金書炫庭牖。忠義夙所欽，再拜酹江酒。憶當宋社南，君臣竄身走。將軍起田間，意氣最雄赳。孤城江海上，日日事攻守。中原天弗畀，宛尔墮戎醜。前旌曉不揚，雄劍夜空吼。何人始召亂，志士徒殞首。當時百戰場，荒落見沙柳。千里幾興廢，激烈史官手。

金山七詠

金山

樓閣中天起，波濤四面降。崔嵬千尺影，終古鎮長江。

妙高臺

東風留客櫂，白日此登臺。帆影来無際，江聲去不回。

善才石

何物瑶琨石，龍宫夜不函。由来江岸側，天造補陀巖。

留雲亭

亭子臨孤絶，江雲礙不飛。時来簷下宿，水氣濕僧衣。

呑海亭

江風號萬壑，峰頂一登臨。勢欲呑滄海，遊方愜壯心。

仙人洞

鬼斧穿山骨，明明透一窗。仙人時舉武，壁立下窺江。

郭璞墓

落日江心墓，凄涼郭景純。桑田不可測，撫掌笑山人。

瓜州遇同年鮑栗之通判二絶

滿路人稱鮑叔賢，一尊相見暮江邊。長安陌上看花處，回首春風十四年。

楚山如畫水如藍，鄉思紛紛漸不堪。今夜瓜州灘上宿，便從江北夢江南。

揚州

東風吹徹晚陰晴，兩岸新蕪一櫂横。去我青山如避俗，向人黄柳欲傾城。潮回海口鹽船上，春入淮南米價生。二十四橋漁唱遍，嫦娥應識古今情。

江日輝輝下廣陵，客邊吟興偶然增。宋軍水砦多編户，隋帝離宫半屬僧。鵝鴨似便春雨數，樓臺争出暮雲層。往来總戴承平福，莫問從前幾廢興。

瓊花

貪看江都第一春，龍舟元不爲東巡。閒花亦自能傾國，何況當時解語人。

憶在姑蘇與顧天錫郎中語次亦有亡弟之感慘然對泣不能自勝因追次其韻一首

泉下應無日再暉，一燈寥落伴僧扉。重陽爲尔愁看菊，未老憑誰共采薇。妙質固應天最斬，芳年真與世輕違。等閒不敢娛親側，忽見同時舊綵衣。

過高郵湖

曉發盂城驛，人家過淺塘。日華初耀水，風力正開洋。竹纜收蛇蜕，蒲帆列雁行。客心還自喜，今夕到淮陽。

予謁告還朝道出淮陰方傳漕運總戎平江伯過訪而侍御尹君性之奉命巡貴州艤船之際得解后焉性之出示閣老壽光劉先生贈行之作謹步韻一首奉别而蒹葭倚玉之誚所不能免云

兩岸垂楊石漬苔，皇華新館晝長開。方傳漕運將軍出，忽見分司御史来。當道豺狼應退避，忘機鷗鷺莫驚猜。相逢却愧無佳句，硯匣經旬積暗埃。

漂母祠 祠必楚王開國時所建者，非漢意也。

一飯難忘老嫗恩，崇祠應出舊王孫。平生推食蒙知己，肯不捐軀荅至尊？

淮陰侯廟

楚王被誅，反狀未明，前人固有定論，予獨於其下齊烹酈食其事有遺恨焉。

鐘室堪嗟走狗烹，反形千古未分明。史官獨爲將軍惜，不念當時老酈生？

次清江浦邵文敬吴文盛二主事邀飲寄寄亭中夜放舟至清口曉渡淮至清河乃别

杏花紅爛竹稍青，水次新開寄寄亭。共挽行裝春送酒，還催撾鼓夜揚鈴。風悲舊楚遥聞樹，天入長淮下見星。記取客邊分去住，驛樓殘角夢初醒。

懷賢詩

國家財賦，歲取給于東南十餘郡，而尤莫難于漕事。文武重臣對江開府者數十年矣。成化己亥之春，予謁告自新安還朝，歷其境，率聞父老談故平江伯陳恭襄公、工部尚書周文襄公，多至感泣，乃知忠賢之有益于人國如此。賦古詩二章，致懷仰之私焉。

平江伯陳恭襄公

赳赳陳將軍，平江始開國。小年八石弓，勇氣屢破賊。竭逢中興主，得附昇天翼。當宁念豐鎬，京邑望南北。安得蕭與韓？晏歲足兵食。將軍家合肥，老大諳稼穡。一朝被簡知，舞蹈奉明勅。建牙淮水陽，諸路盡承式。孜孜竭衆智，疏鑿靡餘力。厫庾便交輓，隄牐濟危嗇。艘舸随淺深，湖壩幾通塞。百年民力蘇，萬里海濤息。居然奠東南，不復困供億。將軍去幾時，寢廟見顔色。火旗與雲馬，夜下不可測。父老説遺事，往往動遐憶。征夫多苦辛，國本在培植。賢孫今代將，當復守成則。東風吹客舟，清口日初昃。公忠夙所欽，再拜讀銘刻。

工部尚書周文襄公

周公起江右，歷官大司空。文章夙有志，嘗叩蓬萊宫。願藉九天寵，致身列宿中。刑曹得良譽，藩輔無全功。南畿與西浙，國賦憂難充。主上屢顧之，政柄付此公。肩輿行列郡，活計歸深衷。倉囷日委積，貨布時通融。出納有盈縮，歲事無豐凶。坐令數千里，民力不告窮。紛紛兩京道，續續舟車通。隣封借羨餘，邊檄分陳紅。東南二十年，一老如帡幪。云胡事弗偶，讒起驚宸聰。公歸浩難期，民惠嗟無終。所在貌公容，如奉家主翁。我生已遲暮，素仰先達風。兹来識民隱，非獨嘆滂螽。文法豈不密，治效將無同。公名當益顯，日與江流東。

古城驛遇南京參贊機務兵部尚書薛公詩以送之并謝惠粲

樓船三月下江東，獵獵旌旗暖受風。林壑有情歸謝傅，廟堂何意起裴公。貔貅作隊迎新詔，龍虎分疆擁舊宫。幕府勳勞應日盛，軍儲曾贊幾元戎。

賤子乘春上石渠，喜逢先達艤舟餘。當牀幸展梁生拜，乞米寧工魯郡書？岸雨緑苗方淨好，水風黄柳共虚徐。相違無限通家意，請向諸郎報起居。

宿遷早發

驛店蕭蕭雨落，水村喔喔鷄鳴。推枕偶然夢覺，沿河已有人行。

暮雨夜泊

黑風摧山雨如注，未到下邳無泊處。暗中雜遝人語聲，且逐淮南漕舟住。淮南漕舟三百强，粉宇舵樓成堵墻。輪更轉箭鎮相續，似覺人人嫌夜長。滅燭悠然倚牀坐，遠村曙鷄聞一箇。前途早有役夫来，岸東相呼岸西和。

祁州上巳與范嘉龍御史舟中小酌

偶尔相逢泗水濱，一舟誰主復誰賓。論心久已同清白，不作平時祓禊人。

過吕梁洪遇管洪王主事

山形四面合，水道一支通。亂石東西岸，驚濤上下洪。楙遷充國用，疏鑿仰神功。使館勞晨爨，征帆快午風。

徐州飯管洪尹珍主事家有懷亡弟

去年過彭城，朔風蕭蕭征馬鳴。今年過彭城，東風渺渺扁舟行。漸覺此身爲客慣，才見花飛又花綻。南去北来曾幾時，隨陽却似雲中雁。九里峰前春草芳，百步磯頭春水長。偶然一飯剪銀燭，行河使者尚書郎。逍遥堂空誰作主，感慨當時對牀語。歸来展轉不成眠，獨倚蓬窗聽風雨。

夾溝道中

獵獵風帆水滿塘，明明春岸柳成行。連村犬不驚薪女，傍渚鷗全識櫂郎。官艢聚舟多漕運，野田空屋半逃亡。推蓬不見青山色，始覺風光是異鄉。

歌風臺

風雲無限故鄉情，酒半登臺奏楚聲。富貴一般遊子意，錦衣何似衮衣榮。

與提學婁克讓御史飯泗亭驛舟晤言甚洽

士行先出處，治道本懲勸。持此律今古，有若執符篆。大義苟失之，如水決隄堰。寥寥千載下，聖哲炳垂憲。不見東隣女，芳歲甘自獻。大節一以虧，容質徒秀曼。亦有主家者，恃長足私願。好惡苦怫人，骨肉變讎怨。乃知君臣間，秉德兩宜健。庶幾三代風，必世可延蔓。婁公天下士，於我情繾綣。長途傾蓋中，共此一升飯。誓當致身來，不辱青紫楦。諒哉同心言，功名及時建。相期在白首，保作無瑕瑗。

舟中清明有感寄克儉弟

兄弟而今一半存，想君愁上鶺鴒原。紙錢麥飯南山路，死別生離兩斷魂。

濟寧夜雨感懷聞外叔舅侍御李公已赴山東憲副

自逐東風過大江，起居終日對船窗。夢随野鶴孤飛健，身似山僧百慮降。人影向燈春寂寂，水聲和雨夜淙淙。猶餘一寸思情在，不覺晨鐘隔坐撞。

風入松草橋阻風雨作。

蕭蕭陰雨漸經旬。有意暗摧春。林鳩来往緣何事，聲不住、故惱征人。没脚泥壅岸尾，打頭風斷河濱。

推蓬偏感異鄉身。歸夢夜来頻。江南江北家千里，心随舵去住無因。兀坐悄然自數，半生多少苦辛。

道中有感

千里徐滕路，愁雲慘不開。使方求郡瘼，天未恤民災。餓殍填途臥，浮屍蔽水来。圖存歸盗賊，忍爱鬻嬰孩。行乞無人顧，生於死更哀。勸分遭吏毒，貧與富俱摧。不任驅征役，相甘食棄骸。一時輕轉竄，幾日可招徠。漢詔先懲己，周官重理財。憂勤勞主上，調燮仰元台。倘及收辫麥，猶堪濟草萊。歲功曾預講，國本在深培。望望諸侯境，紛紛御史臺。豈無同志者，空復淚盈顋。

遇汪文燦御史南歸報兩小兒汪保祖保俱安好

久别憐雙璧，舟中數夢之。不圖逢故友，親説見吾兒。對客能祇揖，延茶請誦詩。寥寥千里外，足慰一春思。

過分水廟戲成櫂歌六章

濟河潺潺向北流，濟河滮滮向南流。官船私舶都過此，南来北去幾時休。

一條河裏兩般風，南客張蓬北落蓬。天公只是無心子，有心人莫怨天公。

龍王廟前石作隄，馬頭灣脚路成泥。莫笑水流分彼此，只緣地勢有高低。

東岸人家開飯奩，西岸人家垂酒帘。傳道行人莫輕買，今年沽價十分添。

供應船頭金弹丸，醉坐船裏珍饈盤。有人推蓬憐餓殍，大家説是秀才官。

老郎荷鍤開淺洲，小兒曳纜送官舟。朝朝去見垂楊柳，不管流離苦到頭。

次荆門管河楊郎中求題水墨葡萄

空中忽散摩尼珠，一一牽動驪龍鬚。鮫人淚莫盡升斗，賈胡價可論錙銖。居然月上蜿蜒架，真宰有心愁幻化。玄香隱隱凝不飛，瘦影離離巧相亞。良工近来人未知，日觀不来還數誰。乳酒年来熟銀甕，客星終夜窺端池。關西夫子行河使，寶繪堂中了公事。底須滿摘水晶盤，眼飽令人發詩思。

過聊城縣境

策士知仁義，千秋一魯生。紛紛當日事，春水下聊城。

武城

千載武城縣，依然魯水涯。民生如不遂，弦誦亦何爲。

乘月夜發二鼓至甲馬營

曉色蒼蒼下武城，解舟還趁月中行。河流曲寫之玄字，漁唱清傳款乃聲。隨處倚篷吟不盡，邇来欹枕夢難成。燈前未暇呼津吏，問是何年甲馬營。

次德州簡管糧張道濟主事同年

一冬南去一春還，歷盡征途水與山。却憶故人清話處，隔城相望夕陽間。

良店道中大風夜作野泊安陵達曉風息趨連窩

我行滄、景路，渺渺夜過亥。東風何太顛，勢欲簸鯨海。盤渦如穽旋，駭浪若山嵬。崩騰沙口决，斬剥岸形改。官舟浮一匏，出没漸危殆。牽夫屢前却，舟子失精采。無乃蛟龍怒，或恐黿鼉餒。合力眠高桅，擇地艤而待。家人走彷徨，船頭設葅醢。相呼酹馮夷，亦欲訴真宰。狂飈俄尔恬，愁雲散其靉。張帆下中流，擊楫歌欸乃。起望推雙篷，喜氣人百倍。向来得失心，悠悠竟安在。

留别滄州守禦趙將軍詩

臨河高堞古滄州，一將分符得上游。充國由来好孫子，營平終襲漢家侯。
骨肉相違歲幾更，偶然離合更關情。家傳只有龍韜在，一卷殷勤付館甥。
横海軍聲震朔庭，土人多失舊圖經。高原何處藏弓劍，落日寒雲蔓草青。

滄，古重鎮也，承平罷戍久矣。近方城之而設守禦之兵，河間千户侯趙將軍恂以才略被選来署軍事，上下翕然，稱爲得人。成化己亥，予自江南省覲還朝，道出於滄，而予從女弟適將軍之子瑛，故入城相款者竟日。姻舊之好，眷眷不能已，輒賦三絶留其家。予嘗考家譜，先世有名日華者，唐末父子兄弟相繼爲節度使，守滄州，號其軍曰横海。其葬處猶存，而土人訛爲知節之墓，予因辨於郡志中，屬以召命遄歸，官舟匆遽，不能披尋遺跡以盡鄙懷也，故詩及之。

爲趙守禦題溪雲居士水墨龍

陰風蕭蕭吹急雨，龍子相將乞龍乳。隨潮上下不可攖，頭角疑能作人語。溪雲畫手工不工，撫景還思陳所翁。旱歲安能慰民望，青天白日驅豐隆。

靜海道中地名楊柳青園林隐暎可爱

春陰澹淹緑楊津，兩岸風来不動塵。一日船窗見桃李，便驚身是卧遊人。

直沽望海

擊楫中流亦快哉，海門春放一帆開。五更日透烟霏出，萬里風推雲浪来。壯志不驚龍窟宅，奇觀初識鳳樓臺。行邊歷歷魚鹽士，倘有平時出衆才。

楊村逆風通夕

忽忽無言裏，悠悠不寐中。短檠流絳蠟，陰牖落青蟲。人幸窺蓬月，天慳上水風。白河三百里，羈思浩無窮。

通州道中

夾岸摇摇酒幔長，野人漁牧自成莊。商征曉集河西務，漕粟春投水次倉。幾箇鶴巢依古樹，一聲鷄唱出柔桑。眼中漸覺風光好，直北紅雲是帝鄉。

張家灣

張家灣口望都城，猶是行人半日程。羸馬似龍諳舊主，臨河相顧一長鳴。

入都城

十里紅塵馬首翻，眼中不改舊頹垣。征夫引躅猶穿巷，穉子迎懽正及門。襆被幾時淹驛路，衣冠明日叩天閽。往来敢憚關河險，得遂私情是主恩。

篁墩程先生文集卷六十九

詩

集李絶句

舟中無書，偶得李旴江詩集一帙，因日閲之，遂熟其句，所至輒集爲一二絶。久之，得十有八篇，因録于行卷之末。

登京口望江樓

故國園林草自芳，望中情地轉凄涼。行人莫苦登高閣，高處何曾見故鄉。

途中遇鄭時暉御史赴謫還家養疾二首

湛恩惟待立鷄竿，豈是明時學考槃。身計未諧歸計好，一宵清話到更闌。

塵寰漸遠漸凄清，地近鄉關喜氣生。只恐詔書非久下，歸来依舊馬蹄聲。

自況二首

千里幽懷一凭闌，君恩寧許更盤桓。朝中未有輸忠處，肯便臨溪把釣竿。

鉛槧辛勤十四年，幸逢聖主得稱賢。秃毫强會悠悠事，敏政當居俗吏前。

車瓜州垻

泥途漸少車聲滑，才得扶舁渡淺河。從此異鄉誰是侶，月明孤影落澄波。

飲揚州嵩山寺二首

醉鄉猶可了浮生，淪落多愁笑不成。苦恨俗緣無了處，江村古寺偶閒行。

閒愁不覺過年光，只有醒時覺異鄉。不醉多愁醉多病，一篇齊物是醫方。

淮上對月

勞生誰在定中看，境勝才知宇宙寬。一月解行天一匝，素娥心事問應難。

登泗水亭

青山行盡入紅塵，古木亭邊夜向晨。書未隔年難得報，我来登望倍凝神。

歇濟寧分水鋪

二江斜入似娥眉，華郭春光欲暮時。京洛路長何日到，幾人相見不相知。

臨清遇雨

一尊撩眼怕長迷，月欲東生日又西。已恨碧山相阻隔，不期風雨更凄凄。

過柳青村

不知園圃是誰家，開盡無名草木花。今日倚闌添懊惱，人言落日是天涯。

有懷亡弟五首

家園歸省浙江東，璧碎珠沉幾日中。塵裏笙歌千古夢，悠悠無處問蒼穹。

淚滴金杯不自知，天孫何約是来時。騎鯨別後無尋處，一步寒郊一慘眉。

月意愔愔露氣微，池亭何處見清暉。只應夢裏成胡蝶，擬共楊花苦鬬飛。

風月猶應似舊清，困来終是睡難成。相思無計能相見，腸斷城頭畫角聲。

下有嬌兒上有親，闌邊爲汝最傷神。流年漸共春華老，聞説清明在此辰。

送康用和南歸詩

吾友祁門康君用和爲御史，以言事謫知縣于閩，凡數年，屢以疾告，率爲上司所沮。而君通五經，尤深于易，精筮法。時上方事于稽古之學，廉君名，驛召之，不至。不數月，進欽天監正，寵任向隆。而君復以疾告，願歸田，章至再三，蓋吏部遲疑者久之。君遂移牒罷常禄弗自給，吏部知君有決志，乃言于上，許之。命下之日，方卧公廨中，倔然起向闕謝恩。又明日四鼓，徒步出崇文門，留一僮奴貿家具爲道里費。予往候君逆旅中，君迎笑曰：「某實無似，辱主知而幸得歸奉七十之父以居，兒子之長者足以任幹蠱之勞，少者亦可以勝耕矣。樂哉，其歸復何言！」憶家君尚書先生與君父太守公，老友也，而予又少得與君相游，以兄事君，世講之好，豈一日哉？方幸受君之麗澤以相成，而君不可留矣。家山在望，悵然懷思，輒賦古詩四十四韻送君之行，而并致區區之意云。

矯矯丹山雛，孤飛直千仞。昂昂汗血駒，天閑謝羈靷。君子賦歸歟，使我失朋親。憶昔與君友，我髮始髫齔。君氣不可當，感激慕英藺。虎闈馳夙聲，烏臺發新軔。威行畿甸間，事至若迎刃。朝綱固已肅，頹風亦云振。譁言倏中起，萬里竟遭擯。終爲一寸鐵，蹇蹇磨不磷。驅馳閩海隅，再領縣廳印。低首奉期會，坐遣民俗順。霈澤豈不施，展轉四更閏。翩然徵詔下，驛騎走方鎮。謂君先天學，往往決悔吝。行當幾日程，喜入九重覲。衣冠太史氏，相顧得豪儁。揭從拜命来，驚君雪垂鬢。在告越踰年，日日理衰疢。居然停禄食，有待竭忠藎。士節難自保，我疾可無慎。封章乞解組，伏闕再三進。云臣本孤陋，頗欲激芳潤。少小讀韋編，漫識離與震。掛扐有成法，筮者殆充牣。犬馬心弗勝，此選亦太遴。倘許遂臣私，實免負堯舜。言詞既懇切，重瞳乃回瞬。蕭蕭官廨中，四鼓對餘燼。黎明出都門，徒步一何迅。平生幾交游，逆旅漫相訊。君言幸此歸，餘生絶嫌釁。松菊莽猶存，庭户掃還汛。兒子已勝耕，豈復念寒饉。水次分魚租，山中樂田畯。稽首荷天王，恩波一朝浚。君才誠卓犖，君志更孤峻。永奉大夫懽，不愧世家胤。嗟彼名利場，人或以身徇。富貴將何爲，幻若野中燐。是非千載後，孰是駑與駿。郊亭九月餘，霜氣入鴻陣。渺渺征車行，落葉載途襯。送君無限情，長歌以相贐。

次南京尚寶泰和楊公述職詩韻

憂國長思策治安，邇来微覺鬢毛殘。牙緋當殿初書最，清白傳家久耐寒。正論幾聞傾四望，高眠猶説計三餐。老成終近君王側，雙珮追随應八鑾。

不随桃李競春榮，宦轍惟君守一誠。典瑞職當金闕近，奉常卿比玉壺清。寵光向晚頻煩下，詩思清秋一倍生。擬有頌聲歌聖德，懷鄉寧似庾蕭成〔一〕？

郭隗臺邊秋日明，張家灣裏暮潮平。離筵句好開新社，分寺官閒説舊京。白雁叫霜先客度，黄花經雨待誰榮。憐予最有江南憶，把袂因君百念生。

十月一日進曆青宮叨預執事呈同事羅洗馬

文華門啓日臨墀，鳳曆初陳鶴駕移。衛士分行旗影雜，官僚雙引珮聲遲。萬年正朔遵先紀，一代規模陋漢儀。海嶽又開新泰運，愧無鴻筆頌重熙。

寄王而勉太守

比聞家君體中不佳，近已平復，而縣中又有回禄之變，輒賦一律奉寄。

親舍分明紫翠間，夢魂無夜不南還。羈鴻遠隔三千里，駑馬空陪十二閑。鄉思更深雲夢澤，古詩誰繼陸渾山？家書擬説賢明府，問俗時来一扣關。

送張郎中彦質省親還蜀

離筵新酒白波渾，一櫂西還荷主恩。宦轍屢經揚子渡，家園長切武侯屯。塵生客袂身方健，喜入親顔齒更尊。小弟心情亦如此，敢忘天語若春温？

送陸順之赴南京户部主事廉伯論德之父。

征轡紛紛罥柳枝，喜君今日拜恩辭。短亭殘暑仍揮箑，久客多情屢薦卮。輦下文章推甲第，江南財賦屬留司。兩京子部皆珍選，好在諸賢答盛時。

不須揮手聽離歌，此到南都僅月過。叢桂再開新府次，棣棠應發舊廳阿。家常問訊通郵近，公暇儲書積俸多。小阮相逢煩致語，東朝虚席候鳴珂。

圯上仙蹤送吏部黄侍郎弟叔衡南歸

下邳城東沂水流，水中圯橋春復秋。何物老翁有奇術，乃此折辱張留侯。往事悠悠已千載，履跡寧隨浪痕改？莫推授受不可當，太息無人繼風采。侯官才人黄叔衡，家居不出多史評。文章伯氏今少宰，遠省到京無限情。雁聲催人難久住，風雨蕭蕭復南去。水邊大石堪艤舟，予固應知賦長句。

胡忠安公輓章

品秩登三事，忠勛歷五朝。衣冠存典禮，風俗被薰陶。澤國鷗盟解，鈞天鶴夢遥。獨留全德在，天不想風標。

憶昔垂髫日，摳衣拜省庭。松筠知壽考，金玉見儀刑。命筆看題字，扶笻問治經。百年回首處，無地候台星。

半隱爲濮用明教諭賦

手提文印歷三城，處處巖栖少送迎。拄笏看雲惟自適，濯纓臨水共誰盟。未容全享山林福，且得兼收吏隱名。芸閣夢回還獨笑，六街塵擁馬蹄聲。

送唐御醫致仕還嘉興

早歲從徵住藥坊，老来納禄返江鄉。閩、湖戰處君還記，多少征人請異方。

堂扁如心到處聞，鐵厓詞賦始豐文。還家開卷遥相憶，廣巷高樓隔暮雲。

日日門前客似麻，活人心苦鬢先華。此回秀水城中路，醫道誰當第一家。

分得劍井送濮用昭兵部公差便道還毘陵

毘陵東城隅，劍井千尺深。當年葛仙翁，駐鶴曾幽尋。有時靈秀啓，白虹出其陰。魁材與碩輔，秉毓人争歆。濮君兵曹彦，家住此水潯。奉檄向江南，薰風惜離襟。安舟載老母，甚遂平生心。頗聞井中氣，耿耿發自今。願保忠孝期，爲子歌好音。

寄王而勉太守

昔在山城暫得親，一襟瀟灑浩如春。通家誼欲兼師友，雅會情忘論主賓。南望不堪雲礙眼，北来惟有月随身。等閒却爱聽公議，藩省今思起舊人。

寄孫揮使千户侯

轅門開近歙山阿，日日投壺事雅歌。養士漸能諳禮樂，逢時全不用干戈。夢長繞闕心何壯，住久随鄉語半訛。猶記前時相别處，一叢車騎繞臨河。

題小景寄汪廷器

拍岸紋溪水不渾，一間亭子傍松根。披圖恍在芝山下，倚櫂来尋斷石村。

榮壽堂爲會昌太傅公子錦衣瓚賦

醴泉鄉中鳳山秀，孕我景陵縣太母。慶源衮衮生公侯，忠孝承家數元舅。元舅年過八十餘，髮如皎雪顔如朱。邇来謝兵奉朝請，出入特許乘安車。手詔時来詔耆德，賜府潭潭帝城北。錦衣公子開新堂，日領孫曾候顔色。優游已似地行仙，眼看喬木上參天。講幃史局從公舊，願保勳名到百年。

邢侍郎居敬輓章端午扈從遊後湖渴死。

楚節随恩侍紫清，櫂歌聲裏獨魂驚。空餘易學傳三輔，無復官名署兩京。清白已堪書太史，經綸應未了平生。相如老去人争羡，分賜無緣及露莖。

寄于老千户

老去將軍最好文，出群名字久相聞。幾人識面窺春色，十載思歸隔暮雲。延客酒方應自製，遊山詩韻好誰分。投瓜擬得瓊瑶報，何日雙魚寄水濆。

分得潔蔬供饍爲黄巖謝良温孝子賦

采采園蔬翠堪把，糞不污莖水清灑。晨炊又過午炊来，長跪奉盤供膝下。於乎，奉親易，説親難，爱兒不脱儒生酸，藜藿到口皆成歡。

題蔡揮使所藏林良雙鵲

老木長梢半空起，影落君家素屏裏。枝間雙鵲不飛去，似向高堂報君喜。涼風曉入庭户清，主人坐對宛有情。眼前豈獨惜珍羽，耳畔忽疑聞好聲。亦有娟娟白頭鳥，相顧裴褢若相保。廣東畫史深可人，生態無窮意難了。主人堂堂真壯夫，喜受文士相追呼。征蠻不帶嶺南物，衣衾之外惟此圖。堂下有兒堂上母，客至矜圖飲醇酒。呀然一笑共平生，崔白邊鸞竟何有。鵲兮鵲兮不可求，願君身比張梁州。不須椎石取金印，看尔生封忠孝侯。

重慶堂壽戚畹孫錦衣續宗父子

誰似侯家得慶多，畫堂歡動壽生歌。椒蘭接地春難老，橋梓凌空翠不磨。膝下兒孫争戲綵，門前冠蓋匝鳴珂。由來積善非天幸，銅狄還堪幾度摩？

衣錦相承父子身，都城争識帝家親。閟宫那復歌周魯，崧嶽曾聞降甫申。玉露金莖延暮景，錦筝銀甲調長春，一堂恩壽皆誰賜，祝手當天仰聖人。

調巡撫宣府張養正都憲

烽火中宵徹塞明，曉提精騎出邊城。黄雲白草劉家砦，从此胡兒不敢行。

送汝行敏舍人赴南京武選員外兼簡李應禎

與君相好十三年，史局曾同翰墨筵。好别不堪携手處，西風黄葉滿前川。
鄉園咫尺家書便，官府清高吏牘閒，南國詩壇應未解，看君題遍秣陵山。
近來北闕揮毫手，連作南京武選郎。短李相聞煩致語，字逋詩債幾時償。

送蕭文明給事赴謫

滿城風雨作深秋，一櫂憐君向遠州。臺省幾時無謫宦，郊亭今日倍離愁。一家飽暖皆恩賜，萬里江山足勝遊。天與高才終赴闕，莫將詞賦弔湘流。

楊孝子哀輓大理理之父。

今人冠服古人心，處士當爲世所欽。但覺眼看家慶遠，不知身閱歲華深。九重雨露綸音煥，一夕風霜劍氣沉。至性却疑元不死，繞墳松竹晚森森。何處悲風起墓林，經年荒草鉢池侵。兩兒久抱啼烏怨，一老能酬奠雁心。瘞玉銘垂千歲遠，焚黄恩入九泉深。淮東士女知潛德，不忍重聽薤露音。

虎圖爲艾光禄天錫賦

於菟何由此中伏，白日寒雲静山麓。草間百獸未全藏，困睡應知不成熟。玄尾空回七尺長，金眸半閃雙星煜。有時獨步出林莽，一聲長嘯千山肅。只圖當道犬羊空，豈爲平生食無肉。良工寫此有深意，頗似高人卧空谷。投身擬結歲寒盟，上有長松下脩竹。雖云不動爪牙威，已覺風聲撼庭木。兒童見之駭欲走，不敢黄昏傍墻屋。丹青逼真乃知此，恐是當時溪上牧。幾思把玩發豪吟，忘却摩鬚手還縮。都城廣厦接棟宇，入眼定知無此幅。千金可得書畫傳，好事誰如漢光禄？

慶孫錦衣瓚

世將家聲藹帝都，老成還拜執金吾。由来寵數逢千載，久有才名敵萬夫。仙仗扈行朝佩劍，宫城宿衛夜分符。他時看取勳猷盛，會續麒麟閣上圖。

分得先字壽致仕謝太守嗚治叔父。

不待塵中雪滿巔，急流親見賦歸田。黄堂屢换二千石，白社初週六十年。心静自堪娱晚節，眼明猶足了殘編。池魚庭草平生樂，底問仙人葛孝先。

送義門鎮巡檢李廷用文達公從子。

西風殘暑餞離筵，擊節長歌寶劍篇。辛苦携家南向亳，恩榮随例北辭燕。垂楊驛路三千里，喬木人家五百年。想過故鄉先駐馬，古穰秋熟酒如泉。

題陸諭德鼎儀海榴書屋圖

海榴随處傍人紅，只有谿山趣不同。看畫却疑家在眼，出門随步任西東。
此心蒼翠繞蓬萊，勸講時陪鶴駕来。退食自公無一事，赤心長對海榴開。

威鳳南飛曲

有虞聖人開明堂，委政師保垂衣裳，功成治定天降祥。一日三鳳鳴朝陽，羽毛五色雲錦張。兩鳳翥羽北闕旁，一鳳鼓翼天南翔。鳳臺巍巍臨大江，烏臺對聳千尺强。翠竹有實蒼梧芳，十圍古柏相倚飛寒霜。鳳兮戾止居中央，坐令喧啾百鳥收其吭，觀者四方如堵墻。聖澤滂，王道昌，千年一運遭明良。他時凌風會返阿，閣上和鳴協治不可當。願操彤管與尔賦樂章，再拜稽首獻我皇。九成雅奏重鏘鏘，三鳳之名傳四方。

威縣王公克深之赴南臺也，實與南海戴公子容、四明屠公朝宗並命。一日拜三都憲，朝野相慶，以爲得人。僕於三公爲同年末契，故取況於鳳以爲克深行李之贈焉。

送鄉人方文旭南歸貢士佐之叔。

煙花難盡勝遊情，又逐車聲出鳳城。豐歲任看投旅宿，聖朝元不重商征。大方家世當年盛，小阮功名指日成。身到故園秋正好，環山蒼翠落簷楹。

簪字韻和楊維新謁陵之作

學館蕭蕭暫盍簪，西風雲散不成陰。興闌且逐尋芳步，才拙難陪倚樹吟。宦業每傳三試録，家聲曾畏四知金。謁陵初度聞高論，不覺山城漏已深。

輓通政沈知事父靜軒母陳氏

有子通朝藉，遺芳祖汴州。靜便時看槿，機息自盟鷗。行不慚張仲，文誰繼隱侯。懷賢人共指，石屋嶺東丘。

沈郎賢令母，原自許溪来。閲世仁人壽，持家烈婦才。香雲飛不返，慈竹死難栽。壼德流芳處，篇詩屢寄哀。

六月廿二日大暑坐墻西槐樹下有作

門外炎光熾，墻西一徑開。殘陽餘古瓦，涼吹發高槐。鳥與人俱樂，詩随景自来。無因堪破寂，童子進冰梅。

送劉尚質舍人乃兄還巴陵

萬里家園菊未莎，一舟随雨下官河。歸時夢入東川近，老去情於北阮多。狎鷺有盟秋未冷，賓鴻成陣夜初過。巴人倡和真能事，贈别慚無郢上歌。

黄浦壽沈尚寶廷美母夫人

黄浦之水緑沄沄，疏鑿元自春申君。浦口誰家起華屋，門中雪檜垂蒼雲。符臺之母烏溪女，倚檜時時聽白苧。抱孫飲水七十年，六月高堂不知暑。上流可釀崑崙漿，下流可浣芙蓉裳。臨風再拜祝母壽，願似東流浦水長。

次山東提學畢廷珍僉憲見寄韻

承遞郵筒到集仙，宛然高興繞吟邊。彩毫香動烏臺柏，秀句清分玉井蓮。東魯化行新士館，曲江人減舊賓筵。尋常離合寧须計？共惜平生報主年。

昌平寓館再用簪字韻

矗矗遥峰插翠簪，策將羸馬過城陰。青蒭白飦逢新土，彩筆花牋續舊吟。風細磵聲清潄玉，日斜林影淡摇金。孔庭竚立生山思，一徑無人草自深。

送劉振之還常熟

文章思董、賈，才術陋儀、秦。利器終逢主，高談已動人。詩成鄉國夢，衣帶帝京塵。得意重来日，容君卜近隣。

題謝翰長大韶先生雲山障子

拔地蒼山幾千丈，九疊芙蓉照林莽。群峰夾峙青冥中，萬里雲開露仙掌。山回徑轉得佳處，築室何人據高壤。古瓦參差接棟流，虚窗迢遞臨風敞。别圃長栽巨勝花，閒門任結蠨蛸網。桃源渡口短橋通，一派谿光斷塵鞅。黄鳥交啼苑樹濃，白鷺低飛田水長。幽栖彷彿晉朝人，束髪烏巾被輕氅。世途萬變了不知，俯檻圍棋事閒儻。相持猶似未忘機，苦向盤中較銖兩。林間暑氣不勝薄，羽箑何由更添爽。童子手供朝暮飡，和露烹葵足齋享。檻外芳塘五里寬，一園種作蓮花蕩。興来每欲随所之，預有家人櫂蘭槳。書册薰罏共一船，水氣絪緼護青幌。遠村鷄犬互鳴吠，落日漁樵自来往。巖阿疑是古赤城，高旆招摇出天上。樹頭隱約梵王宫，幾杵疎鐘送微響。仙境寧論小大茅？人家不異東西瀼。生綃咫尺意難窮，愈覺周郎畫堪賞。學士先生太傅孫，方寸之田似山廣。少年奮起大江西，澹墨題名首金榜。經幃史局最蒙恩，不獨詞章在忠讜。鼎鉉終期此日調，星鳳方增後人仰。東山别墅有高情，未許披圖動遐想。

僕家徽之篁墩有晉循吏梁忠臣之祠第在焉土人嘗更名黄以避巢賊之荼毒襲稱至今僕近復篁墩之號而翰長鏡川先生作十絶非之僕亦未敢以爲是也謹次韻隨章奉答幸終教之

敢因一字浪雌黄？自分嚴於斧鉞霜。只有地靈知此意，年年風雨茁新篁。

廟中人物氣如生，正字分明欲正名。污衊但知當自洗，高談元不計誰精。

賊巢能識識中文，亥豕寧無辨幾分。珍重墩頭賢父老，果然談笑却秦軍。

璞也全身朴受誅，憐宗終復勝憐儒。仙芝正作諸戎首，何怪蘄、黄血滿衢？

難將疑似幸全宗，畢竟篁、黄字不同。黠盗關心生殺處，豈應無語過湘叢。

王、謝墩名一任誰？故園黄竹我須知。金盤華屋楊家果，此説方應是可疑。

勝地蒙污自不該，豈嫌輿隸爱公台？片言祇欲求今是，何姓非從古聖来。軒皇何處有丹池？萬仞黄山踞歙、黟。墩與此山元異脉，有靈應笑客何爲。篁竹無言閲歲華，倚墩寧欲逞豪夸。如言實重名非重，應笑人間復姓家。愧是忠良一派孫，筆鋒常欲討無君。不忘祖武思繩處，第一當從此地論。

題畫册四時小景

濊濊磵中泉，依依道傍柳。塔院午鐘聲，随風出山口。
爱此玉泉水，携琴訪翠微。入城山下路，一任早塵飛。
草閣最宜秋，況對丹楓渚。倏倏麋鹿群，誰賓復誰主？
一夜溪山雪，乾坤似玉壺。捲簾孤坐處，佳境入詩無。

謁陵憩土城瑞光寺候李符臺同行

日下土城根，夷猶古寺門。水聲墻外急，人影樹中繁。燕、薊諸關擁，金、元一堠存。

可人期不至，馬上共誰論？

道中

年年来作朝陵使，處處曾留紀勝題。傍水人家随遠近，入山神路隔東西。日高午店炊應熟，雲散秋城望不迷。遥想同袍新寓宿，廟門高樹馬群嘶。

下陵與李學士賓之聯句

夜下西陵月露涼李，歸心偏逐馬蹄忙。迂途忽轉行宫右程，佳氣猶瞻寢殿旁。老樹幾枝低拂帽李，秋嵐一抹遠侵裳。昌平未到東方白程，咫尺蓬山萬里長李。

贈李士敬錦衣借其夢中舊韻

相門才子好談兵，寶匣長聞一劍鳴。露布已宣平寇策，凱歌頻奏入關行。古穰世遠流新澤，仙李春深發舊萌。珍重百年文獻在，好將忠孝答恩榮。

李符臺宅暑夜

廣庭堪避暑，槐幕正當軒。涼吹梢頭發，疎星葉罅翻。忽驚羈思杳，轉覺市聲煩。此夕行窗夢，遥應入故園。

王封君哀輓亞卿廷貴先生之父。

聞說方瞳似水清，正宜高卧享松齡。金莖忽盡仙人露，玉宇空瞻處士星。李白跨鯨遊未返，莊周成蝶夢難醒。煙霞痼疾誰堪療，月旦遺風尚可聽。壓座詞章輕白雪，及門聲價起青萍。教條嚴勝師儒館，鄉約公於守令廳。塵裏冠纓長謝手，山間丘壑自忘形。延交屢結新詩壘，睦族重開舊譜亭。作賦不慚心似鐵，守箴能戒口如瓶。階盈蘭玉人夸謝，城隔芙蓉主换丁。悲入夜闌魚釣冷，坐看春盡鹿車停。歌郎淚下風中燭，吊客魂銷雨後鈴。滚滚年光嗟化鶴，飄飄身事等流螢。丰姿彷佛惟餘畫，手澤分明却在庭。百歲難酬鴻鵠志，九霄先振鳳凰翎。朝行漸已登三事，家訓由来本一經。牲鼎幾回供祖廟，綵綸重疊下王廷。社中擬入先生祀，冢上還勞太史銘。楓樹落霜天冉冉，蘋花摇日水泠泠。懷賢定有觀風使，下馬時来問典刑。

送象山凌尹汝聘

象山山下舊名疆，羡子承恩握縣章。到日擁舟潮水白，行邊吹馬旱塵黄。可堪奉檄人千里，正見憂民詔十行。老學平生須大展，青雲高躡看騰驤。

題四美人圖

琴

緑綺初調曲未殘，幽情應嘆賞音難。不嫌兒女聲相昵，一鶴長鳴繞畫闌。

棋

玉子頻拈欲下遲，芭蕉紅日影將移。錦棚兒共金絲犬，問道輸贏兩不知。

書

倦来携手下階行，共讀周南幾句成。庭桂香中無一事，閒聽公子擊毬聲。

畫

促織場邊爽氣新，彩毫輕染墨華匀。香閨不爱千紅紫，只寫青松與翠筠。

次韻寄松江張隐君侍御汝欽之父。

丈人零落曉星餘，張老猶堪載後車。燭目錦雲盤一誥，随身明月動雙琚。君門擬上承恩頌，官舍時翻訓子書。暫出還歸應有道，不勞猿鶴怨郊居。

都城相别幾年餘，何日追随長者車。舊語有緣陪玉屑，新詩無力報瓊琚。山中酒熟長開社，海上鴻歸一寄書。白髮可能忘帝力？時應飛夢繞宸居。

校勘記

〔一〕懷鄉寧似庾蕭成　「蕭」，四庫本作「蘭」。

篁墩程先生文集卷七十

詩

出班政門渡濟川橋行南山脚逢梅

風吹晴色曉初開，春入郊原緑漸回。華扁尚餘班政額，危梁誰復濟川材。舟隨雪浪穿橋過，人拂煙霏下嶺来。忽有異香生眼底，野塘斜映一株梅。

斗山宗人汝翼率族衆燕予于世忠行祠是日雨斗山以其所居之前有山如覆斗形故名

世忠祠下綺筵開，一族相驩重我来。别久漫論新舊雨，情長難盡淺深盃。好山覆斗全勝畫，喬木凌雲不易栽。勝地百年今未啓，後生當有出群材。

大雨雪過黄茅山吴知州克寬邀宿

迢迢石徑入林端，未到黄茅力已殫。鳥啄亦愁泥滑滑，雨聲如競雪漫漫。剡溪興盡真須返，蜀道歌成未是難。煙火望中知不遠，主人邀宿有餘歡。

度扶車嶺將至大坂寄汪希顔僉憲

九仞峰頭一線陘，東風殘雪尚冥冥。泉聲可入宫商譜，山色真開紫翠屏。族數程、汪今共盛，路當休、婺此分停。一言鷄黍能成約，賓主誰當眼倍青。

小憩三寶寺寺碑乃黄秋江處士立蔡國公張珪書

何代精嚴境？門當水閣虚。煙迷黄叟宅，雲鎖蔡公書。田舍春聲在，人家劫火餘。不堪山下路，横木礙肩輿。

大坂行一首奉輓汪隱君夫婦并贈其子僉憲希顔

大坂之山多檜松，大坂山水多鰅鱅。采山釣水無異姓，只有汪氏稱名宗。汪氏之先本王子，靖亂尤能保終始。後来亦有唐端公，遂與州民共生死。兩公廟食八百年，雲仍何止人三千？出者處者恒有道，往往讀書并力田。邇来積慶誰堪數？一族咸推僉憲父。父耕子讀兩無慚，那更深閨有慈母。當今天子明孝人，每下恩典旌賢臣。九原伉儷雖莫作，高堂五采明絲綸。我觀汪氏慶未已，科第聯翩一時起。叔姪兄弟凡六人，冠蓋如雲照墟里。大坂水清山更奇，中有汪家雙墓基。他時添取石翁仲，爲爾重書先德碑。

題汪璽貢士四禽圖

春風海上桃，仙禽託栖止。莫啄千葉花，留結千年子。

何處青絲禽?飛来一枝託。回首啄山茶,霏霏露華落。

有鳥名翠碧,無花艷海棠。依依留不去,顔色兩相當。

娟娟蠟啄鳥,挺挺當風立。斜壓一枝低,寒梅凍無力。

大坂往返得詩十絶

觀文公與内弟程允夫手書真蹟

淵源家學重師生,中表姻親本弟兄。物是人非三百載,一緘殘墨兩含情。

觀尚書汪文節公真蹟

百代鄉邦有此翁,每於青史嘆遺忠。片言隻字須珍護,留取高風配魯公。

觀雲陽李一初先生真蹟

前人往往愛鍾、王,才落霜毫趣便長。頗怪一時文翰譜,風流猶欠李雲陽。

初識黄世瑞

倒峽詞長立意精，幾憑春雁寄都城。相聞十載今相見，一夜論文及四更。

汪處士士魁家觀羅明仲洗馬抑齋記

洗馬文章舉筆成，可人能盡抑齋名。小樓對酌幾忘味，無限停雲萬里情。

端公祠

端公，汪氏祖也，諱濆，仕唐爲御史大夫，今御史文粲、僉憲希顔皆其後。

大坂溪頭寢廟開，端公香火百年來。一時孫子能繩武，豸繡同登内外臺。

觀高廟與樞密汪公手書真蹟

樞密諱同，元末起兵保捍鄉里。

午夜虹光燭斗寒，人間驚得御書看。當時未定君臣禮，想見先皇創業難。

觀蓉峰先生存稿

先生諱叡，樞密兄也，仕爲左春坊左司直郎。

滿架遺書墨尚新，立言真不愧先民。後生學問曾何似？也作青宫輔導臣。

汪希大追送予至鱅溪上

君從城郭幾時還？知我肩輿夜過山。多謝有情思晤語，五更追送到溪灣。

小憩汪口飯上舍俞俊家

汪口人家鷄亂鳴，一樽那盡故交情。門前溪水能相送，隨我西流直到城。休寧水皆東流入浙江，婺源水皆西流入番湖。

文公闕里謁後有作

洛水初傳道已南，後生何幸此庭參？一時氣數存虹井，萬古儀刑仰晦庵。塵鎖斷碑餘劫火，山圍新廟擁祥嵐。正心誠意言猶在，三復無能祇自慚。

予過婺源宿萬壽僧舍住僧敬公有望雲思親圖求予詩因爲下一轉語

朝看雲出岫，暮見雲歸山。禪心正與雲相閒，如何對此生意見？思親不覺傷朱顔。佛法無生亦無死，割爱先從二親始。上人却有望雲心，善學寧慚魯男子？

丁大尹燕予于萬壽僧舍

肩輿五日到星源，握手斯文喜晤言。門掩夜燈初下榻，筵開春雨正當軒。僧来供茗饒風味，客起投壺雜笑喧。知是政成多暇日，幾人能却簿書煩。

離婺源留别諸士友

僧房連日阻春霖，款意難勝别意深。但得三農今歲飽，沾裳濡足也甘心。

道中寄婺源陳教諭

星源人喜得良師，桃李春風盛一時。薦達屢辭陳瓘疏，經營多葺晦翁祠。情深酌我紅灰酒，和寡勞君白雪詞。珍重雅懷難別處，板橋東下雨絲絲。

古箭渡

古箭渡頭春水急，古箭鋪下春泥濕。風吹一道雨微收，黑壓四山雲未入。郵亭飯罷聞竹鷄，肩輿扶過蒼崖西。行人道側亂相指，雨陣復来雲脚齊。

節庵倪先生以經學教于鄉既成其子進賢舉進士爲御史又出其餘以淑鄉之人其在德興孫司馬之塾最久予過婺源望先生之廬尚遠不能往拜漫成一律奉寄

鶴髪朱顔笑語温，隱君遥在水雲村。諸生久立尚書館，一子新開御史門。丹竈藥罏堪逸老，錦衣烏帽待承恩。傳經誰復倪寬在？借榻無因聽一論。

夜宿芙蓉嶺下野寺夢京師起坐有懷

往歲紅塵裏，常時夢巖穴。今夜青山中，忽爾夢京闕。人生無定止，出處心自知。起坐耿不寐，山雨鳴空墀。永懷千載人，小范不可作。豈無天下憂，敢慕一身樂？行年將四十，於世寧有聞？終當謝君寵，歸卧南山雲。

過五嶺

覽勝心雄力未疲，不愁雲路轉逶迤。上當華嶽捫參處，下抵虞淵取日時。鬼斧有靈方可鑿，畫工雖巧竟何施。我来亦乏驚人句，未敢磨崖與鬭奇。

還過斗山遇雨宿以章宗姪家

因過星水路，重宿斗山堂。旅次晨炊晚，宗盟夜語長。陰晴無日定，来往笑人忙。塵鞅何時解，同傾竹下觴。

新安人以析居爲常事獨吾斗山宗人周生兄弟同爨至今可嘉也其家有集義堂予爲之作歌

堂上覆斗山，堂下五城水。争羡君家好兄弟，紫荆根固踰百年，棠棣花開香十里。嗚呼弟兄如鼎足，那忍相傾覆其餗？紾爾臂，鬩爾墻，寄言莫上君家堂。

雨中訪黄世瑞于古林世瑞祖子運，學者稱後圃先生，吾鄉之老儒也。

官路東来一徑斜，不辭衝雨到君家。古林歲久饒松子，後圃春深長菜花。爲惜病身初戒酒，欲清吟骨旋呼茶。何時遂結青山社，靜與幽人閲歲華。

二月二十六日南山雨中晚歸

小駐肩輿野水濱，輕雷將雨釀花辰。板橋中斷春溪漲，竹筏遥呼晚渡人。雲氣黑催詩思遠，江峰青入畫圖匀。乘時剩結漁樵侶，少答君恩便乞身。

希仁宗賢来自涇適春霖不已三月二日稍霽遂同至南山小酌時古林黄世瑞與俱

幾日春霖出未能，溪園新霽興堪乘。鳩憎箇箇鳴當屋，麥喜家家緑覆塍。古渡喚舟煩野老，花辰開宴得良朋。青山入望多佳處，杖策何時約共登。

新安舊有二程先生祠荷侍御提學婁公克讓許修復之偶於婺源陳簡教諭處得克讓往年過博野祠下之作因借韻一首奉寄

伊水淵源出未窮，故鄉尸祝禮何豐。能崇命世真儒廟，全仗分司御史功。佇見門墻登士子，豈徒伏臘走村翁。他時勝蹟書圖誌，定把新安比洛崇。

春草便面爲汪思恭題

趣在窗前不剪，夢從池上初歸。但覺光風到手，猶疑清露沾衣。

清明前一日至南山

一夜春溪落漲痕，不知春色遍郊原。青山麥壠東西坂，流水桃園上下村。鹿跡半驚樵客過，禽聲如答路人言。舉頭不覺先塋近，兩兩喬松護石門。

贈新太守王公公名哲，起侍御守廣平、鳳陽二郡，今易地新安。

朱幡摇曳入新安，夾道驩呼老豸冠。初政欲随春雨足，先聲猶帶舊霜寒。人傳遺爱仍思寇，自幸疎慵久識韓。看取名增循吏傳，紫陽山色共巑岏。

新推府陳公良至任以久雨弗克趨賀有傳其詩章至休寧者因借韻奉贈

苦雨蓬門只自關，幾迴思見紫芝顔。野橋水力頻增漲，石路苔痕久上班。入境便聞聲價重，登堂能遣簿書閒。錦囊賸有新珠玉，一夜流傳到碧山。

三月二十六日壽于千户八十

轅門齒德重新安，顔色如童髮未殘。秋水深藏三尺劍，春風初試九還丹。佳辰謝客心能静，老境看孫夢亦驩。願把莊椿祝君壽，八千遐算此開端。

題宗人貢士迪所藏米畫

襄陽人物渺如煙，畫裏雲山尚宛然。珍重舊宗收拾在，風流如坐米家船。

飲張揮使家觀戲

牡丹花折柳絲勻，雨後高堂不動塵。武衛晝閒軍令肅，家筵春啓客情真。錦棚曲奏温州調，銀甕香傳采石春。爲重雅懷分席晚，不知明月照歸人。

宗老學可世居歙東關正統中先公奉使新安學可嘗邀至其家南軒同卧七日今且四十年矣重登此軒爲之惘然

咫尺東關路不遥，先人曾此駐星軺。阮南有譜通三族，姜被多情共七宵。過隙時光驚迅速，對窗山色尚岧嶢。感今懷古心無限，郢曲難成酒易消。

劉揮使宅在南城下新起西樓予將題之曰攬勝先擬寄之

危樓新起傍高城，脱灑紅塵眼倍明。一塔穿雲當砥柱，四山飛翠入簷楹。吾伊夜課兵書讀，睥睨時分武隊行。何日畫闌重徙倚，彩毫濃墨爲題名。

題宗老文彬南薰軒追和劉邦彦韻

水色山光聚一軒，飛塵全不到吟邊。華胥牘喜身能樂，褦襶生憎客未賢。石鼎茶香消永日，朱絃聲妙入鈞天。老来心地凉如水，且把蒲葵壁上懸。

予成化戊戌歲蒙恩省覲取道績溪入徽城今五年矣復行此途愴然有感

再出東城思惘然，青山依舊繞長川。晝遊追及承恩日，屈指浮生又五年。

過新館鋪宗老彦舉邀宿其家别墅彦舉嘗從征湖南有義征圖卷今老矣喜長生之説得其要領

水圍村郭樹扶疎，宗老相留興不孤。晚景顔華仙授籙，壯年心事義征圖。旋開酒令随鄉俗，細剪燈花説帝都。他日塵中應憶此，可勝清夢繞魚梟。

飲孫揮使家别後有作

相見勞君兩日留，重君儒雅異凡流。家藏韜略從先祖，世襲金緋似列侯。客宴賞春看打馬，軍門防夜聽傳籌。八方無事征書少，贏得清閒坐歙州。

過臨溪曹渡二石橋橋皆殷氏所脩嘗求予記

衆水同歸一水東，行人常此嘆途窮。山腰遠近過三舍，波面參差卧兩虹。刻石浪傳脩史筆，揮金誰續濟川功。殷家尚義真難事，贏得芳聲滿歙中。

留題績溪仁里程氏聚爱樓

仁里之程與予同出相湖，有道軒處士，嘗訓其子貢士傅及弟儒、倫毋析居，作聚爱樓以處之。予過仁里，貢士宿予此樓凡再日而去，因贈是詩。

績溪東南来，遥望古仁里。中有程氏居，隐隐入桑梓。緬懷道軒翁，吾宗百世士。眼中聚爱樓，遺訓耿在耳。三男如鼎足，等是克家子。崇坊瞰村巷，華構照山址。春霖久初晴，一榻爲予啓。登堂父兄樂，擁户兒童喜。開奩扣宗牒，張燕出肴醴。夜下燈火明，語笑未能已。憶當百年前，同飲相湖水。今夕乃何夕，會晤復自此。聚散安可常？保族在崇禮。丁寧願同人，契誼篤終始。明發川途長，思情兩難擬。

貢士佐時生子彌月予適至焉初予以詩壽新安千户于翁八十翁以錦帕爲謝因以遺兒用爲遠壽之徵

鮫綃一幅錦雲紅，得自新安八十翁。雖愧犀錢并玉果，願兒遐壽與翁同。

登源有汪王祖齊司馬墓及王廟廟後有緑照亭有石洞用故侍郎朱大同先生韻示同遊仁里諸宗人

千載吾王此舊都，登源流水緑成湖。斷碑丘壟收雲氣，長劍風塵憶壯圖。山隔遊亭聞緑照，雲封仙洞似蓬壺。聯鑣英俊来應慣，路轉峰迴不問途。

未至普照寺道中作

石梁灣曲水沉沉，路下峰腰半不禁。風外茶煙知寺近，雲中鷄唱覺村深。病多宜享山林福，才薄難勝利濟心。且爲漁樵增故事，臨流先續采芝吟。

遊普照寺觀石鏡相傳黄巢過此照其形爲異類因縱火焚之久乃復明蘇子由宰績溪日嘗有留題石刻今不存矣

高崖直下如削鐵，不識何年鬼工截。巧令中有鑑光寒，萬古照人長不滅。緑苔半鎖蒼藤封，霧雨不晦天然銅。禪家意巧作幻境，隣近便起空王宫。泗濱浮石曾充磬，明者何妨堪作鏡。玉藴山輝古則然，此論行時衆方定。頗聞巢賊窺山城，虐焰一日昏其明。殺心久已變豹虎，何怪照出非人形。我来適當春雨後，老僧立話徘徊久。小蘇舊蹟今已亡，惟有遺詩在人口。東風蕭蕭吹瘦顔，笑復摩挲對面看。山靈可解知人意，照見胸中一寸丹。

仁里宗姪素時日侍予于聚爱樓又從遊石鏡諸處勝地情意勤款與他宗人不同時予將重脩統宗世譜且欲編石鏡古今題咏以素時之博學好古也兩以屬之素時其尚有以副予之志哉

年来常動竹林思，一見偏憐海鶴姿。古寺芒鞵春眺日，高樓燈燭夜談時。統宗再續篁墩譜，紀勝新編石鏡詩。知子有才堪訂約，雙魚相寄莫相辭。

遊問政山至興道觀山乃聶真人修煉處，宋謝諫議墓亦在其處。

薰風初試舊輕紗，越嶺穿崖一徑斜。霧裏樓臺成海市，雲中雞犬類仙家。欲便風味頻供筍，未解春酲只喚茶。諫議真人都不見，獨留荒塚對繁花。

遊白水寺寺左有池水，四時皆白如玉色。

幾曲晴紗不受塵，望中雲近緑楊津。峰腰屏足疑無地，谷口聞聲忽有人。静爱寺山青隱隱，聖傳池水白粼粼。同来宗契兼鄉契，病酒無妨更一巡。

遊水西太平諸寺寺山高處曰披雲峰，寺前水曰碎月灘。

勝日须行樂，聯鑣過水西。桐花嘶騕褭，松樹隱招提。碎月灘聲在，披雲黛色迷。老僧談故蹟，随處可留題。

遊紫陽山尋許宣平金野仙二真遺蹟次舊韻二首

屋踞蒼崖下，人行老樹顛。尋詩敲翠竹，消醉飲清泉。歌出黄牛背，帆飛白鳥前。塵纓猶未洗，結社在何年？右和宣平韻。

一峰孤聳碧孱顔，琳館遥當紫翠間。桑塢日斜鷄唱晚，松庭風静鶴聲閒。軒轅丹熟惟餘井，太白詩高可配山。吟眺未勝天漸暝，興隨流水不知還。右和野仙韻。

遊萬山觀觀額題曰迎仙，有東明、西爽二軒。

何代迎仙地？高低復起樓。東明先得日，西爽最宜秋。帆影林梢見，嵐光脚下流。道人吹鐵笛，飛思繞瀛洲。

贈程都紀宗貴宋相文清公之裔藏有先世誥牒

住是真仙宅，宗傳舊相家。絲綸驚歲月，樓閣俯煙霞。散局敲棋子，輕甌泛茗花。不知歸興懶，高樹集昏鴉。

贈劉太古

瀟灑劉太古，絶似鮑參軍。老去詩還健，情多酒未醺。疎髯飄亂雪，長嘯遏行雲。何日開春社？巖花約共分。

因與于文遠鄭時清同步東城上晚歸得詩六絶

越國汪公廟唐誥

烏聊山上越公祠，香火分明百世思。留得兩函唐誥在，紀年猶是太宗時。

東嶽廟後觀落星石

嶽祠園後見崔嵬，玉立亭亭一徑迴。争掃碧苔供徙倚，不妨同醉竹根盃。

傍溪寺晚眺

寶坊高出舊城東，百里山川一望中。竟日倚闌題不盡，夕陽遥射竹林紅。

斗子山問高廟駐兵處

石址猶存舊將臺，青山如斗晝中開。至今草木增顔色，知是先皇駐驛來。

天寧寺觀枯杉相傳五聖化生于此樹上

枯杉如柱倚天長，云是神人此降祥。欲借圖經詢故實，定應何似古空桑。

楊氏祠堂觀司寇先生遺像

廊廟丰姿太逼真，追思言笑轉傷神。一時先友凋零盡，不忍重來撫翠珉。

宿閔口畢氏三絶

山圍華屋水當門，喬木森森緑護村。白雪調高人和寡，風流還待畢公孫。畢氏之彦曰郁，爲儒學生，自言其居乃雪樓故宅。

秀水城東學士阡，寸心常繞瓣香前。聞君當日曾相見，屈指流光二十年。郁之父曰尚勇翁，舊客嘉興，及識予先師學士呂文懿公。

方瞳炯炯髮絲絲，每日山中賦采芝。有約未成同甲會，因君無限望雲思。尚勇翁與先公同生丁酉，今六十六歲矣。

與閔口臨溪汊川三族人同登東密巖觀遠祖中丞公起兵拒黄巢處晚宿巖下方興寺與汊川宗人逸民用光聯句二首

家山乘興一來遊逸民，萬仞峰顛日未收克勤。疑幟久空唐將壁用光，殘鐘時起梵王樓克勤。

穿雲石磴蘿陰合逸民，過雨林巒黛色流克勤。吟屐忽隨歸馬散用光，天風吹袂晚颼颼克勤。

東巖巖下古招提克勤，四面陰森竹樹齊逸民。山翠入簾朝過雨用光，炊煙拖巷午聞雞克勤。

老僧延坐勞清供逸民，詞客留詩續舊題用光。話久不知鳴晚鼓克勤，暫分禪榻伴幽棲逸民。

飲汉口宗家語次偶賦

流水濺濺石路平，幾年雞黍約初成。古芸繞架香還盛，喬木當門老更榮。招隱不驚探虎穴，忘機偏解結鷗盟。斜陽未盡漁樵話，刻竹題詩寄此情。

端午飲汉口汪端家忽記京華舊事

紫雲溪上作端陽，忽記前年黼座傍。分艾特頒宮樣虎，侑尊時出上供羊。綵絲繫臂饒恩露，聚扇回風帶御香。撫景不堪驚歲月，愧無才力報君王。

雲水山房

汪君鶱孟禎世居雲溪，題其所居曰雲水山房，雲水殆雲溪之轉語耳，賦者多不及此，予故申之。

杖策雲溪上，濯足雲溪下。由來故王孫，却是忘機者。仰看鳶戾天，俯見魚潛淵。欲悟動靜理，日到雲溪邊。溪雲時卷舒，溪水可厲揭。珍重溪居人，斯言或相契。

集古八絶

汉口

二水中分白鷺洲，人家多住竹棚頭。眼前有景道不得，長夏江村事事幽。

贈汉口諸宗人

文武衣冠異昔時，惠連群從總能詩。東園載酒西園飲，藥餌扶吾随所之。

贈逸民用光

清風明月兩閒人，何用浮名絆此身。閉户著書多歲月，野花啼鳥一般春。

晚步雲溪上

山屐經過滿徑踪，閒來無事不從容。白沙翠竹江村路，雲碓無人水自舂。

夜宿用光南窻下

門外青山如屋裏，嘈嘈虚枕納溪聲。怪來詩思清人骨，欲化西園蝶未成。

謁忠壯行祠

松花風煖廟門開，百畝庭中半是苔。悵望千秋一灑淚，安危须仗出群材。

拜端明公墓

苑邊高塚卧麒麟，曾是貞元花下人。人世幾回傷往事，碑文才見滿埃塵。

望巖將公墓

流水濺濺度兩陂，旅墳三尺近要離。鳥啼花發人何在，一劍曾當百萬師。

壽榆村宗老以順義官七十九歲

人生難得古稀齡，況乃重看九度蓂。慶衍芝蘭盈謝砌，義沾恩寵出堯庭。卷舒任我心何累，飲啖兼人體自寧。遐算定同師尚父，榆川山色共青青。

究山汪處士世寧留宿予適有事辭歸别後寄此

越國勳名重有唐，究山家法冠諸汪。主人有道開鷗社，子姓無譁列雁行。李白擬嘗新竹醞，陳登空掃舊藤牀。兩懷不盡忙相别，咫尺停雲萬里長。

黄坑寺

有程氏祠堂，中塑嬰公、太守、忠壯三像。又有周王廟，專主療疾，香火最盛。

一塢深深竹樹長，梵宫遥枕碧山岡。廢興屢换新碑石，俎豆猶存舊寢堂。爲祝慈齡參佛母，敢將詩病叩醫王？清談未了匆匆去，不盡毗那一瓣香。

率口族人燕予世忠行祠

忠壯行祠率水邊，錦屏銀燭夜張筵。祖宗望出南朝上，子姓分當北宋前。談麈頻揮人似雨，勸籌交錯酒如泉。相違記取重逢日，萬里鷗波解綬年。

黄石謁太母廟即忠壯母夫人之祀。

黄石叢祠在，人傳太母名。子功全故國，神鑒定佳城。香火千家盛，冠裳八座榮。閫儀誰有此，瞻拜不勝情。

飲率東族家率東之先曰仁叟，與風林朱學士隆隱友善，嘗作家規、家譜，刻新安郡志。

路入方山一里强，百年程氏率東房。教條半出朱隆隱，家法多宗鄭浦陽。庭户各分喬木影，圖經猶帶舊芸香。花前棋局燈前酒，無限宗盟夜坐長。

題錫山孫王廟

錫山有孫王廟，相傳祀吴主孫權，予竊疑權僭僞，不應祀法，當是權兄長沙王策。

蓋策受漢命爲討逆將軍，屢平群盜，時曹操挾天子都許，策將舉兵襲操迎帝，不幸爲伏矢所中而死，則此廟祀策當愈于祀權甚明。予過錫山，留詩一律以貽坑口孫氏之爲王族者，異日當訂諸縣志，用祛土人之惑云。

廟食青山歲月長，居人多未識孫王。江東討逆功初著，許下迎鑾志莫償。一代英豪存太史，三分名節愧元方。何當訂入新圖志？祀典分明重此鄉。

宿坑口孫啓先生家次韻時予以疾戒飲故詩及之

前輩風流杳莫儔，近來人物數誰優？閒心坐與鷗盟狎，世態看同蜃氣浮。無分清尊開北海，有情吟榻借南州。掀髯久欲聞長嘯，明月何時共倚樓。

過鄭公釣臺余忠宣公隸字刻石。

相公湖邊一拳石，截斷湖光三百尺。射蛟人去今幾年，誰掃雲根看遺蹟？師山先生性爱山，偶然得此青孱顔。臨流坐釣不知晚，漁樵並載扁舟還。武威余公天下士，特與先生題篆字。良工刻入斷崖傍，遂使溪山增勝事。一朝海内風塵生，兩公死國如弟兄。平生隱顯雖異迹，竹帛同垂千載名。薰風雨過潮初落，足躡蒼苔俯幽壑。釣絲已逐野煙飛，字畫多爲古藤絡。師山之節峻且孤，武威之字人争摹。忠賢所遺衆所寶，泉石清奇何處無。

題唐十八學士登瀛圖

圖爲宋李龍眠畫，後有蘇、米題字，宣和印章，爲今環溪朱氏所藏。朱氏之先嘗失之，而獨遺其後跋甚久。朱氏之彦曰克紹，復得之于淛西，重加裝潢，綴以舊跋。朱氏之物散而復完，可謂不偶也已。

冠冕分明見盛唐，百金誰購宋宫藏。山人妙絶丹青手，學士名高翰墨場。千里忽驚雷劍合，十年空嘆楚弓亡。摩挲手澤真非偶，撫卷令人羡紫陽。

予訪王氏子仁泰于澤富仁泰適以是日生男時予方以疾斷酒爲之喜而破戒賦詩贈之

深巷方停下澤車，便驚佳氣藹庭除。數聲喜報簷前鵲，一顆光呈掌上珠。兆應熊羆來夢日，慶随弧矢上門初。因君破戒重開酒，佳話流傳遍里閭。

過余岸拜遠族祖宋樞密正惠公墓遂至城陽寺正惠公子孫今居休寧會里。

高墳山下幾經春，曾是先朝執政臣。甲第兒孫驚異縣，梵宫香火幸比隣。金貂入像圖應在，石獸分行跡未陳。同出相湖慚後學，不堪追仰薦溪蘋。

邵村張氏子茂植年十二俊穎可爱其父才遣從予遊以其尚幼俾先之于塾師俟少長則收而教之且勖以詩

楚楚青年子，明明玉樹枝。少儀须讀禮，多識貴聞詩。喬木雲霄迥，良苗雨露滋。執經函丈下，看爾出群時。

題汪本仁處士耕讀軒

小結幽軒傍水涯，此中耕讀兩相宜。欲求莘野千年志，樂誦豳風一卷詩。春壟短蓑鞭斛觫，夜窗明燭聽吾伊。老來達道應無及，付與名郎佐盛時。

篁墩程先生文集卷七十一

詩

過岑山渡

岑山在淛溪心，四面皆水，師山先生鄭公嘗更名小焦山。山舊有周流寺，今移岸北，予過寺，留題貽寺主堅上人。

勢比焦山小，因名憶鄭公。江鼉浮水面，天狗墮雲中。舟楫東西過，漁樵上下通。涉溪逢舊寺，塵慮偶然空。

宿萬山觀六言四首

詞客初停塵鞅，鍊師相約樓居。赤日正過林樾，好風時到庭除。

石磴盤迴九折，山房小結三間。酷暑因風盡掃，道心與鶴俱閒。
燈影半窗冉冉，鑪薰一炷亭亭。多病思投白社，老人爲説丹經。
一派灘聲東去，滿空月色西流。但覺夢遊塵外，不知身宿山頭。

飲萬山觀東明樓贈道庸都紀

五月高樓暑氣涼，捲簾山色動晴光。病來喜服烏蛇酒，睡起頻添寶鴨香。堆案道經翻蕋笈，繞梁仙樂奏雲簧。何時解綬歸林下，許借閒雲宿半牀？

宗家貢士迪請詩送其友人還淛

見君幾日送君歸，梅雨紛紛濕苧衣。來喜客舟重返淛，去驚鄉語半從徽。石榴庭院黄蜂入，水稻田塍白鷺飛。攬勝他時還有約，莫辭尊酒暫相違。

題于文遠山水小景

望中疑是富登山，只欠危亭着樹間。記得摩厓看石篆，小舟曾泊相湖灣。

道庸都紀城市山林卷次韻

上逼青霄下瞰城，來遊何必羨登瀛？風前不動旌幢影，雲外時聞杵臼聲。盟狎海鷗機漸了，夢回蕉鹿世空驚。丹房何日全相借？慰我吟身太瘦生。

范蠡歸湖圖爲師魯姪題

萬頃湖光足釣絲，濟川功了乞歸時。安流不用施篙楫，斂手舷頭任所之。

雲嵐山汪王墓

六州已罷新開府，千載誰思舊使君。只有雲嵐橋下路，行人能指越公墳。

歙北有山曰飛布甚奇山下江氏世居之山舊有主簿廟以結兵禦寇之功而江氏實主其祀今江氏之老曰嗣器其家以殷實徙京師從子韶入爲京學生嘗及見予予過歙欲訪江氏適以疾不果賦此寄之

一峰高聳碧嶙峋，一族相延幾百春。廟守甘棠思歙簿，家傳喬木自江人。幸瞻日月分餘照，漸覺詩書起後塵。多病未酬鷄黍約，不辭題句託雙鱗。

宗姪貢士式之求詩壽岩鎮方翁七十

七十年來氣尚豪，紅顔如畫映霜毛。佳辰滿釀山中秫，晚歲曾餐海上桃。童子喜提如意舞，老人光並少微高。親朋欲助長生頌，爲染宣城玉兔毫。

觀槐塘遠祖宋丞相文清公明良慶會卷次王而勉太守韻

丞相勳名重斗南，講帷曾説舊師甘。一時奏劄多忠諫，百世賡歌繼美談。秦律乍除閩板蕩，孔墻中壞得彤戡。後生景行無窮意，斂手臨風讀再三。

再觀丞相奏議復次前韻

廟謨惟欲保東南，幾許忠言主未甘。分鎮獨餘唐末議，徙戎誰説晉清談。傳家素節推楊震，去國高風憶孔戡。留取百年遺蔭在，當門槐幄尚成三。

寄進士金溪尹黄碩夫

黄氏世居歙之譚渡，在唐貞元中有孝子芮，嘗被褒詔樹其里爲貞節坊，子孫蕃盛至今，碩夫其後也。近領新除，便道過歙，予甚欲一拜孝子之祠而賀碩夫，坐以瘍痱，莫能如志，因成近體一律奉寄。

百年譚渡水聲長，一郡猶傳孝子黄。不爲病軀親藥餌，定瞻遺像設椒漿。雲仍又見承新寵，父老仍思立舊坊。坐想晝遊真得意，青山喬木總生光。

題汪思恭松蘿書屋

飽看青山讀古書，無人能識市中儒。朝朝賣藥歸來晚，留得芸香辟蠹魚。

松蘿門下築書臺，滿架牙籤一逕苔。常有新詩生眼底，不知山色近人來。

王孫瀟洒皂綸巾，獨起高軒出市塵。見説年來書更熟，門前常有問奇人。

秘府圖書閲半交，故園松菊可全抛？何時更約開新社，與子山中共結茅。

雨後與克儉弟聯句

細雨生涼一院風篁墩，幽情多在小齋東。草分秀色沿階緑梧岡，葵吐秋花拂座紅。睡起焚香初謝客篁墩，吟餘思茗漫呼童。隔林誰奏笙歌沸梧岡，預喜山城樂歲豐篁墩。

題畫

墟落莫烟相望，板橋春漲初平。未放漁家艇子，疑聞塔院鐘聲。

七月神會飲福

金風初動月當申，蕭鼓山堂樂賽神。眼底光陰真過客，坐中人物半姻親。語因隨俗多成笑，酒到忘懷不記巡。相好不堪相別處，明年應憶宦遊人。

卜算子題汪汝温便面。

草長沙露尖，風急波生縐。兩箇漁郎任意行，不問誰先後。綸竿腥乍收，飯甑香初透。回首相呼好放船，正是潮生候。

拜慶千秋節敬賦

山城侵曉設行宫，禮慶千秋萬國同。新學定期随日長，睿心元自與天通。前星位正龍樓北，南極光躔鶴禁東。慚愧授經無寸補，四年空立御香中。

盆蓮盛開飲中贈潘玉汝王廷璧戴廷器三秀才

盆池花照粉墻東，不數峰頭十丈紅。雅韻獨超塵壒外，新妝初試月奩中。底須瑞露分金掌，共取清香注碧筒。良會一時真不偶，擬開佳兆爲諸公。

浪淘沙八月九日早至南山庵。

沙口繫蘭橈，初退溪潮，石成山路樹成橋。又見一番新稻熟，猶未趨朝。野寺晚鐘敲，聲到書巢，此身何日伴漁樵。少答君恩尋舊隐，細和山謡。

贈泰塘畫魚程翁希明

疊嶂如城水滿川，門前喬木翠參天。路人來往能相指，文獻傳家幾百年。

愛魚何羡古濠梁，畫出群魚趣更長。正欲垂綸尋釣隱，何時相約水雲鄉？

中秋開宴南山宗賢畢集燕後閑步墳庵水次偶成贈同行諸君子

初向南山見月圓，笑談相對欲忘眠。他鄉每歲思千里，好友今宵共一筵。人影漸分山寺側，蛩聲多近石梁邊。眼前又作朝天計，同步沙頭在幾年。

題汪道全愛萱堂〔一〕

阿母生兒今已老，少年曾佩宜男草。阿兒念母心無涯，北堂遠種忘憂花。爱母如花願花茂，長向花前祝眉壽。酒醆時聞花送香，舞衣欲共花争秀。我心正復與子同，一曲薰風歌繞叢。爱母何年心始愜，霜鬢重看緑如葉。

祖保去歲八月二十五日亡于姑蘇暫寄僧舍歸瘞南山今一年矣其母忽於篋中得見舊佩香囊慟不能忍並楮錢焚其瘞處輒賦五十六字志予之悲

去秋今日寄僧房，淚灑西風裂寸腸。塚上已澆新麥飯，篋中猶見舊香囊。五年父子緣何短，萬里關山恨更長。最是不堪懷抱處，夢魂時到枕幃旁。

心遠軒爲方景茂賦

結屋西城下，幽人自不群。道情閒共鶴，詩思澹隨雲。與客觀朝槿，呼童炷夕薰。不知門外路，車馬日紛紛。

閏八月二十七日早送何侍御至陽山寺

豸冠前日下山城，雙旆匆匆又出行。金氣作霜天九月，法星随斗夜三更。青圍川陸知途險，黄入郊原喜歲成。山寺相違還有約，栢臺高處聽蜚聲。

歸途有作

爲送行臺出縣門，不辭携酒到山根。竹陰正入支公寺，樹色遥連主簿村。潮嚙新沙知廢路，水春機碓隔荒垣。望中一簇峰巒秀，問是鄉名古夾源。

題貴溪程原宗人濯纓亭

洗耳常思古逸民，小亭閑傍緑楊津。能收楚澤歌中趣，不惹長安陌上塵。觸目鳶魚千古在，忘機鷗鷺一時馴。何年解綬遥相訪？同試淵明漉酒巾。

送貴溪宗人世熙會譜西歸

貴溪溪上舊程源，百世宗盟此一番。祖廟已通昭穆序，客途何憚往來煩？雲山雨後丹青出，霜葉風前錦繡翻。他日相期定何所，碧霄千里看鵬鶱。

德興瀘口程氏青雲橋爲貢士崧乃尊賦

瀘口之木高參天，瀘口之水青如烟。主人有功能濟川，長橋倏起何蜿蜒。眼中突兀見奇事，觀者紛紛若鱗次。新製寧須玉蝀名？華榱高揭青雲字。主人系出篁墩房，銀青金紫相輝光。有家住近鳳凰里，一子矯如孤鳳翔。秋桂初分廣寒殿，宫花擬入瓊林宴。門前正起世科坊，綽楔巍巍兩堪羡。主人白頭樂有餘，看子平步青雲衢。駟馬高車自兹始，傍人不用誇相如。

壽汪處士

汪氏世居婺源大坂，有名希聖者，尤以德善聞，今年壽登七十，九月十二日，其誕辰也，其子英館于歙槐塘程氏，因予族姪淵求予詩。

明明丹頰映華顛，淅淅金風拂壽筵。清向客來茶當酒，嚴於家教筆爲田。東籬賞記前三日，西伯徵期後十年。遥望芙蓉秋色裏，仙人應有鶴書傳。

贈程瑎

婺源種德坊程氏出宋翰林使德玄之後〔二〕，世以醫鳴，至國朝中書舍人禮部員外郎思温先生益顯。先生孫瑎，好學能書，爲里塾師，以予有同姓之雅，數求予詩，賦三絶以贈之。

曾到星源種德坊，紫苔春雨上君堂。活人當日功多少，門外長聞橘井香。

尊翁曾是鳳池人，六輩時巡敢愛身？聞説贈官并録後，中興天子勸忠頻。

文采風流入壯年，名門當見後昆賢。紫陽正是君同里，莫爲傍人草太玄。

題楚英宗人壽萱圖

浮梁東山宗姪太學上舍楚英有母方孺人，年將八十，請予弟克儉作萱花圖，持歸爲壽，并請予侑之以詩。

北堂五月薰風長，萱草花開金鳳香。兒郎再拜獻春酒，花氣欲透斑斕裳。
北堂十月霜回日，萱草根盤蟄龍密。一笑當筵指舊叢，舉頭誤認丹青筆。
老人八十真如仙，朱顔若共花争妍。願期百歲根無恙，一度花開勝一年。

寄貴溪致政高都憲

出處無心似白雲，一身高潔四方聞。誅茅喜近張良宅，諫草驚傳陸贄文。天上故人應漸少，山中新社約誰分。雙魚無限傾情處，番水東流未足云。

約歐陽令君登高

秋滿南山菊正黄，又驚明日是重陽。賢侯久訂龍山約，不似隣封簿領忙。
預向家園拂徑苔，令君相約此登臺。須知不是尋常出，併作郊原問稼來。

題汪儀鳳墨梅

春意花先覺，冰威力自禁。漫夸三昧手，誰識歲寒心？

題畫

翠篠娟娟古木秋，山林郇復網羅憂。随時飲啄随枝宿，莫向西風嘆白頭。

題歐陽令君所藏畫魚

當今寫魚誰第一？安福劉郎寡儔匹。父子同爲供奉官，等閑不下丹青筆。劉郎寫魚如寫人，想像天機精入神。雲雷慘澹真宰戚，波濤洶湧陽侯嗔。多君何從得此軸？咫尺江鄉奪人目。鼓鬣揚鬐勢欲飛，金甲光芒三十六。渚蒲水荇交沄沄，浪花滚雪腥風聞。變生頭角在俄頃，鰕群鱔隊空紛紜。濠上老人不可作，與魚相忘識魚樂。劉郎此趣堪敵之，坐使龍門在高閣。君家子姓能讀書，釣鰲有日光門閭。手分銅符佩金紫，定應不愧劉郎魚。

壽仁里宗人景華時會統宗譜

譜刻初成不世珍，壽筵遥動滿堂春。相門根柢瞻喬木，仁里光陰祝大椿。晚福漸看周甲子，仙方何用守庚申。持觴伐鼓從今始，莫愧康衢古逸民。

滿江紅南山道中晚秋。

九月南山，猶未覺、園林秋意。無遠近、丹楓黄葉，翻成佳麗。風外磬聲知有寺，雲中犬吠疑無地。見孤峰、淡淡掃蛾眉，當空際。

脩行裏〔三〕，柴門閉。古木下，漁舟繫。更牛背兩兩，童兒相戲。素練摇江明一鷺，黄雲漫隴飛雙雉。喜農家、細麥早纖纖，青如罽。

輓洪太守夫人

聞訃驚相怛，名門失女宗。子成新進士，家出舊司農。絃斷傷琴意，塵生暗鏡容。不堪埋玉處，風木正鳴冬。

夢兆曾炊臼，形傷見藁砧。菊松思共老，霜雪遽先侵。不待宜人誥，無慚列女箴。生芻嘆莫奠，寒日動哀吟。

木蘭花慢贈通守婁公致政還鄉，有序。

通守南海婁公，以練達之才、醇實之學，佐徽郡六年。年方六十，乃不謀之家庭、不告之寮寀，以致政請于行臺。命下，人不及知。由是寓公士夫與其部民莫不悵然，有攀轅卧轍之情，無所施矣。太守太原王公、推府嘉禾陳公樂與共政而不忍于别，授簡于予。予徽人，既高公恬退之節，而又以不得終預循良之澤爲歉也，乃填一闋，用備驪駒之奏。駑言湍邁，情見乎辭。

喜年方耳順，何遽爾，賦歸田。想十載紅塵，苦侵衣袂，幾日清夢〔四〕，先到林泉。抽身急流而退，任攀轅、無計可留延。萬里江湖路穩〔五〕，一州父老情牽。故園。松菊正依然。晚景樂無邊。看滿載圖書，風生别舸〔六〕，傾城冠蓋，雲擁離筵。酌盃起爲公壽，問幾人、舒卷似公賢。海上耆英會啓，日邊循吏名傳。

筠窗靜讀詩爲斗山族孫天相作

斗山族孫有天相者，質美而好學，嘗題其藏修之所曰筠窗靜讀，予嘉其有志于學也，賦一律勉之。

少年勤學慕三餘，玉立亭亭衆不如。擊節常歌君子操，閉門時誦太玄書。光回夜榻親螢火，香滿晨窗辟蠹魚。萬卷可開須努力，河南家世本宗儒。

陪歐陽令君奠故宋尚書金忠肅公墓并立石表〔七〕

桂漿三奠隴雲寒，共識賢侯此意難。泉下屢更新歲月，人間誰問古衣冠？青山再下樵蘇禁，白石重將姓字刊。擬有頌聲傳故事，無邊光彩動林巒。

寄題婺源沙陽宗家二書院

予會譜于南山，婺源沙陽宗人有用泰者，自言其九世祖堯彩府君常創梓源、青山兩書院以教其族，其後兩子聯中貢補，事載家乘。今書院廢已久，用泰蓋有復興之志，其歸也，并求予言，因作古詩一章畀之。

泠泠梓水源，鬱鬱青山趾。中有兩書堂，如鵠東西峙。爲問作者誰？吾宗有先子。當其全盛時，紛紛集多士。弦誦出林樾，燈火照墟里。固將希聖賢，豈獨事青紫？兩雛得聯升，家譽亦騰起。自從兵革來，家業已中燬。人民嗟久非，山川幸良是。雲仍今復興，白日盛桑梓。昂昂用泰君，志可延世美。竭来南山中，相從訂家史。派分沙陽房，源共篁墩祀。乃知文慶深，流澤耿未已。堂構非侈觀，詩書能末技。紹述或有託，爾祖爲不死。勉旃君後人，藏修自兹始。野餞窮一巵，山行費雙履。

婺源環溪程氏一樂堂

堂上何人專一樂，華扁濃書照林壑。再世彌甥得考亭，千年譜系通伊、洛。家學淵源有自來，固應子弟非凡材。三時不違甘旨入，連枝有合荆花開。此意寧知軒冕重，家政成時亦堪頌。靜閲遺編師古人，前有君陳後張仲。五嶺巍巍高入天，婺水汩汩東成川。故家想像三嘆息，因風爲賦名堂篇。

題吴愷舉人春草

習習風初度，萋萋緑正勻。誰將方寸地，散作十分春？

題文富姪萱花

一色春難老，雙親未白頭。高堂相對處，日日可忘憂。

新墟吴亞卿先生哀輓二首

早辭鍾鼎樂丘園，盛福完名衆所尊。星象忽驚前夕變，耆英今復幾人存？廟堂擬下哀榮詔，林壑空留杖履痕。總道慶源流不盡，一經傳子又傳孫。

不覩光儀歲月侵，上堂瞻拜此情深。坐中屢説通家義，老去猶多體國心。朝野勳名終烜赫，山川靈氣忽銷沉。無由執紼東風裏，西望新墟思不禁。

題萬山深處樓

宗人文善家住斗山，有樓曰萬山深處，嘗丐予詩。予觀余忠宣公故有此作，不知其與某氏也。追和一律，誠不自量，然借重之意，則有在耳。

疊嶂層巒東復西，水源窮處結岩棲。捲簾斗柄光臨座，記路桃花插滿堤。境逼衡陽無雁過，峰多巫峽有猿啼。裹糧何日尋幽去？却倚危闌續舊題。

壽南山長老性空頌并序

南山寺者，先尚書少保襄毅公之墳庵也。長老性空行年六十，性質樸而喜勤苦，家生子惠淨禮之爲師。兹歲之冬十月二日，實性空始生之辰，惠淨作壽星圖以壽之，而請予一言。予觀壽星在天爲長庚，在地爲後彫難老之木，在鳥獸爲鶴、爲龜、爲鹿、爲猿，在老氏爲仙，在釋氏爲無量壽佛。惠淨之愛其師，可謂篤矣。予因爲下一轉語，識者見之，幸無以予爲儒名而墨行者哉。

我聞西方極樂囿，獲登彼岸真非偶。三千大千諸佛子，中有一人無量壽。佛言我教本寂滅，有不是無無是有。汝壽無量何以故？一點光明終不朽。光明一點有明暗，白牛便向恒河走。無量壽者合掌言，我今不淨亦不垢。跏趺坐閲人間世，不用寒山竹笞箒。南山長老有性空，五藴一生能自守。南山有石解點頭，試與對之相卯酉。針頭之性空不空，大笑一聲獅子吼。我觀性空老不衰，本來面目無妍醜。朝暮一盂脱粟飯，五味筵中不挂口。春冬一領百衲衣，五色場中無掣肘。性空爾能不空性，六十年光不爲久。無量壽者誦一聲，甲了還丁子還丑。燈燈相續不空過，永作南山住山叟。我今已作逃禪客，問爾啞禪能答否？無無無量亦無壽，白蓮社中桑落酒。無量壽佛何有哉，勸爾波羅飲三斗。

大雪至南山庵

今年大雪勝北州，一夜五尺方始休。擔夫踏路没雙脛，老衲開門餘一頭。眼底迷茫失山色，耳邊清洌聞溪流。青青惟有澗傍檜，勁氣猶堪回萬牛。

冬至縣中行慶賀禮

聖誕才過至日來，禮成遥賀兩叨陪。鑾輿恍接清光近，譙鼓頻催曙色開。萬壽喜從天上祝，一陽初自地中回。雲占鄉國應多瑞，擬上城東百尺臺。

元日

松櫝情深懶問途，又從鄉國飲屠蘇。時名浪比來儀鳳，薄孝思同返哺烏。四十頭顱驚隔歲，五千文字愧今吾。承平一飯皆君賜，遥望星杓禮帝都。

人日喜晴

六日雨兼雪，今晨忽放晴。風吹群沴散，日射四山明。喜卜民生遂，恭惟世道亨。正尋詩紀勝，簷鵲送新聲。

點絳唇元夕大雨。

滿意鰲山，一天星月交相射。春霖無藉，誤却千金夜。院落沉沉，坐看燈花謝。情難寫，佳期再也，須問天公借。

新歲大雪用元日韻

幾處青山失舊途，一宵寒氣薄流蘇。離群色亂沙頭鷺，争食飢喧屋上烏。隴麥廉纖如妬客，庭梅清瘦欲慚吾。近臣喜遇正元瑞，擬頌豐年達上都。

謝鄉飲分席

喜雨傳鄉飲，心知勝昔年。笙鏞疑隔座，俎豆幸分筵。禮覺周文備，仁思舜化延。誤恩慚未報，何日賦歸田？

小詩六絶寄黟縣汪令君

縣組遥持入萬山，棠陰俄覺頌聲閒。直應小試牛刀手，鵷鷺終歸玉筍班。右一奉贈。

售文寧足買山錢？多幸隣封受許田。何日解簪歸栗里？相隨遺老頌豐年。右二謝青目寄莊。

分惠霜罌手自開，便驚春色逼人來。箋題重有麻姑字，添作高堂獻壽杯。右三謝惠麻姑酒。

蕭蕭門巷駐官軺，幾日春泥雪半消。壺馬酒籌勞款坐，欲將風致寫生綃。右四謝過訪。

華扁煩君遠寄將，溪藤猶帶墨花香。行人拭目知多少，蓬蓽從今倍有光。右五謝惠「及第坊」三大字。

秋水遥添一丈强，朝天相趁理行裝。春霖如此難爲别，咫尺黟川萬里長。右六阻雨不得詣謝。

成化十九年二月一日浦口與王文明太守諸公别

冠蓋追随出練江，山花盈路酒盈缸。早歸肯負王孫草？遲去終懷父母邦。鼇補一番鰲禁直，愁聽三疊渭城腔。寸心亦與諸賢共，廊廟江湖兩未降。

贈淳安丁尹鍊丁嘗主教白鹿洞。

白鹿重開講院基，多君曾此服遺規。學分朱、陸心能辨，跡比龔、黄事可知。客路盃長留坐久，隣封情厚發船遲。青溪坊下人行處，他日來看德政碑。

舟次富陽登陸有感

帆檣蹔泊暮江邊，輿馬重過舊縣前。十口提携皆骨肉，一春盤折幾山川。潮生潮落無終古，人去人來似隔年。道左韶光能慰客，菜花桃蕚兩依然。

校勘記

〔一〕底本卷七十一第五頁係卷三十一第五頁，自此詩至題貴溪程原宗人濯纓亭皆闕，據國圖本補。

〔二〕婺源種德坊程氏出宋翰林使德玄之後 「德」，原作「得」，據本書卷十二辨祁譜行褒以上世系訛舛當正行褒以下世系明白當從及祁續譜所載者諸房多不之見或誤加增損亦略辨之「婺源種德坊譜云出德玄之後」改。

〔三〕脩行裏　「行」，四庫本作「竹」。

〔四〕苦侵衣袂幾日清夢　「苦侵衣袂幾日」，原闕，據國圖本補。

〔五〕萬里江湖路穩　「江湖路穩」，原闕，據國圖本補。

〔六〕風生別舸　「風生」，原闕，據國圖本補。

〔七〕弘治休寧志卷三十八此詩題作「陪歐陽令君奠故宋尚書金忠肅公墓并立石表敬賦紀事」，署：「成化壬寅冬邑人程敏政書。」

篁墩程先生文集卷七十二

詩

閻文振方伯王景端都閫諸公邀餞靈隱寺

錢塘門外日初紅，萬頃湖光一鏡空。白塔蒼松山向背，畫舡垂柳路西東。放生字認唐遺碣，行在名傳宋故宮。弔古有情詩不逮，一林啼鳥自春風。

飛來峰下舊祇園，勝覽平生第一番。方丈雲深疑伏虎，洞門風冷罷呼猿。天開畫史丹青筆，水雜遊人語笑喧。相對東皇須盡醉，一時那得聚高軒？

偃蓋松間載酒行，才驚飄泊過清明。五年別向兹山會，兩月春無此日晴。石古誰參圓澤偈，井湮猶帶葛洪名。酒酣又是分携處，情比江潮晚未平。

胡文恭僉憲邀遊西湖次張天錫湖船舊韻

湖上來尋一日歡，春風消得旅懷寬。玉壺載酒隨山住，銀甲彈箏隔水看。花雨上瞻三竺遠，松雲高拂兩峰寒。忘情潦倒沙鷗社，相好平生幾豸冠。

馬嵬八景次韻爲閻方伯賦

槐里西來一故城，亂離曾列幾屯營。千家已託英雄庇，百戰誰爭豎子名？夕照有情山戍改，東流無限野塘平。關中此日今蕃盛，贏得荒基蔓草生。右「馬嵬故壘」。

不思初政戮家姬，坐遣胡雛犯洛師。野鹿已招三鎮亂，青螺剛濟一身危。冰消珠翠汙新壤，雲暗金湯失舊貲。萬古持盈堪作戒，開元全盛幾多時？右「楊妃荒塚」。

誰從坡下鑿重淵？觱沸開成兩玉泉。根蝕雲蘿常脉脉，影涵風篠共涓涓。旱時幾藉龍功普，跑處疑存虎跡圓。能遣菜根滋味好，千金一插敢爭妍。右「地湧雙泉」。

玉趾青毛遍石田，名傳豐本自何年？生憐蔬甲踰兼味，日課園丁獲幾錢。星列一籩春薦廟，雨翻雙剪夜登筵。品供十八思賢輔，肉食令人倍赧然。右「園栽叢韭」。

勝地猶存姓屢更，淡烟荒草没秋成。主家西逐秦雲散，僧錫東隨渭水傾。天靳寶花誰伏虎，枝空仙李不聞鶯。惟餘一片長安月，夜夜相臨似有情。右「金城古跡」。

寶坊高處地幽偏，鐘響常疑落半天。旅次喚醒塵土夢，上方驚散海雲眠。紗籠客誚非時飯，錫杖僧開午夜禪。看院鶴鳴如應答，一聲聲出薜蘿烟。右「寶刹晨鐘」。

萋萋芳草緑如烟，鳥外長空澹欲連。路闢裙腰時隱隱，風翻書帶亦芊芊。川光遠襯桃如笑，野色平分柳未眠。南浦一番春又别，王孫歸興繞吟邊。右「西原春意」。

社公祠處百家同，疊鼓鳴簫俎豆豐。千載力田嘉漢詔，六經敦本説豳風。雞鳴犬吠閒宵警，女饁男耕畢歲功。無吏索錢官税足，相逢莫放酒杯空。右「南畝秋成」。

左時翊大參約出清波門飲石屋寺遂至水簾烟霞二洞次李若虚憲副韻四首

山行隨處酒旗斜，風逼輕陰水漾沙。抱岫嵐光疑失路，出墻春色喜逢花。武林佳勝當三月，文苑風流會一家。此别相思重迴首，迢迢清夢隔京華。

何代龍潛屋後峰？塹崖穿破碧重重。風雲變化應難測，頭角崢嶸豈易逢。新度開山祇樹繞，舊遊題字薜蘿封。奇觀一日忘歸晚，側耳高城已暮鐘。何處令人俗可醫？偶穿脩竹赴幽期。水從鬼窟鳴雙玉，山自靈峰轉一枝。便覺管絃聲涴耳，共隨猿鳥立移時。顛崖象石常相近，幻色潮音兩鬭奇。入山無處覓新茶，深洞翻疑散寶花。何代神功初闢地？一時僧梵偶成家。上方坐見潮生浦，歸路誰看樹隔霞。春盡江南驚暴熱，擬將紈扇拂輕紗。

鍾馗騎驢圖爲周可大憲使賦

陰風蕭蕭吹髮寒，老馗夜踏山雨殘。恨生不作中執法，誓死肯負唐衣冠？驪山梦破一回首，上帝毋煩六丁走。魑魅都歸鞭策中，嬴得騎驢袖雙手。

歙西許良慶自號松谷相會武林求予詩

歙西有佳境，老翠薄青冥。力受風霜飽，心知歲月經。竹梅同晚節，蒲柳愧先零。何日開新社，相隨共斸苓。

陳德修太守自金華寄雪窩詩索和

蕞薾無餘地，翛然絶點塵。閒情真却掃，爽氣欲侵人。晝迴雲生座，宵空月照隣。爲言公暇日，誰與和陽春。

張廷芳李若虛二憲副及江廷諸憲僉約遊西湖左時翊大參後至得聯句十首時成化癸卯三月三日也

東風吹雨下湖船程，良會今朝豈偶然江？烟景可人非爲酒張，春光隨地不論錢李。數聲啼鳥蘇堤外左，幾樹垂楊岳廟前程。滿眼詩情吟不盡江，孤山祠下酹三賢張。

烟景霏霏入暮春江，賞春多是宦遊人張。野鳧狎客隨舟遠李，江燕穿花送酒頻左。雅會不須歌舞溷程，奇觀絶勝畫圖新江。六橋過盡重回首張，久駐湖邊我未嗔李。

十里湖山入望遥張，可堪野色故人撩李。樓臺隱顯午烟淡左，鵝鴨浮沉春水嬌程。撫景無詩憐我拙江，追歡有樂是誰招張。東風更有重來日李，莫待濃陰翳斷橋左。時有小舟，載二歌童，故詩及之。

來往遊人不避舟李，鏡天空闊雨初收左。桃花向我如相笑程，竹葉浮君可自由江？山外有山深見寺張，客邊逢客一登樓李。唱酬遮莫歸鴉盡左，三竺峰前更小留程。

公家事了獨來遲左，一笑相尋本有期程。湖上風光春最好江，雨中詩景晚尤奇張。隣舟愛客供鮮鯽李，古寺尋僧問紫芝左。多謝故人頻餉我程，可堪明日又分岐江。

山當佳處啓船扉程，喚酒催詩思欲飛江。狼藉醉中長短句張，闌珊春後袷綿衣李。忘機鷗鷺隨冠蓋左，浪跡鵷鸞負蕨薇程。後會未涯情未已江，恨中誰道故人稀張？

西湖春水暖溶溶江，美景佳賓豈易逢張？遊到南屏船駐久李，坐忘東道酒行重左。高城迢遞烟鐘晚程，遠浦參差雨樹濃江。劇飲不須修禊事張，會稽何地覓遺蹤李？

主客同舟西復東張，花邊烟雨柳邊風李。謫仙先我詩層出左，禊飲憑誰酒易空程？青雀渡頭春樹暗江，白鷗沙外晚潮通張。相看此地情無極李，弔古還尋放鶴翁左。

湖上風烟三月三李，湖中新水遠桅藍左。風流再續蘭亭後程，文物誰當北斗南江？林外鳥驚人語亂，花前春共客情酣李。乘時張弛非沈湎左，紀勝無才却自慚程。

維舟重憩藕花居左，湖水湖山故惱予程。紗帽不妨風外側江，塵襟都向雨中舒張。滿天暝色催詩急李，繞座春光入醉餘左。遊倦莫愁歸路遠程，湧金門外有輕輿江。

景範爲武林施秀才賦

往哲去已遠，遺範存典册。居然山斗尊，景仰斯有獲。多君淛西彦，揭榜示鞭策。一善思服膺，微言亦探索。持循苟弗已，漸可窺道脉。或堪鳳騰咮，何止鵬奮翮？云爲一慫期，名實坐難核。悠悠聖狂分，忽忽天壤隔。勉哉好德人，毋遺中道畫。希顔與學孔，千載後賢責。

與閻方伯飲紫陽庵次韻

一縷茶烟濕未消，幾梯雲路暗通橋。濤頭盛擁鴟夷怒，亭上清留野鶴標。病目臨風常帶纈，弊裘經雨半成潮。重來便擬非生客，徑揖山靈不待邀。

程氏三節婦詩族姪泰孫尾舟求賦。

一節已云寡，聯芳良獨難。偉哉程氏婦，挺此三琅玕。𦗜從夫子亡，矢死爲孤鸞。娣也謝膏沐，姒也捐羅紈。空閨窅無人，號慟摧腸肝。庭烏助其哀，比隣輟其餐。撫嬰尚自苦，獨處尤悲酸。人生幾何時，日月如流丸。長者遂白頭，少者顔凋殘。不見昊天廣，但覺春風寒。乃知帝降衷，本固不可刓。滔滔東逝水，足與回狂瀾。願言冠履子，勿作偷生安。如此巾幗人，輸彼一寸丹。長令天地間，凛凛節操完。我非劉更生，聞之坐長嘆。誰當傳列女，千載名弗刊。

劉廷訊方伯諸公邀飲紫薇樓次舊韻

登臨談笑總材雄，興入蒼茫四座同。潮落宋、元興廢外，山分吴、越有無中。一方屏翰遵周制，萬里梯航念禹功。醉倚危闌還縱目，數行征雁逐南風。

與時翊大參若虚憲副同至勝果寺欲尋宋宮遺址雨不克往

出城何處可消閑，寶刹巍巍紫翠間。下界路尋松杪入，上方人自霧中還。女墻半鎖雲千疊，御沼平分水一灣。不盡登臨懷古意，誰教春雨斷空山？

武林寫竹裴生奭求晚翠詩

萬紫千紅不奈看，有名誰可結詩壇。惟餘筆下翛翛竹，解與幽人閲歲寒。

閻方伯爲予言藩省門對吴山有白鷺群飛朝去暮來日以爲常因識一詩且將繪圖以傳遂次韻一首

侵曉來從杜若洲，晚風吹過紫薇樓。水田漠漠翻晴雪，塵海茫茫點白漚。終日往還如有約，隨時啄宿本無求。清班高處君曾立，未許吴山得久留。

呈致政大理仁和夏公公嘗主孤山書院，先人同年也。

風流逋老舊林居，見説曾停長者車。釋子仙翁憑結社，水經山志亦成書。笙歌懶逐遊人後，院落初更野火餘。獨有問奇船誤入，時從湖口訪樵漁。

簡劉竹東

甚欲與邦彦諸君子尋湖上一日之樂，往往爲藩臬貴人所先，弗克遂。戲成一律奉簡，幸不惜倚歌之調，北歸把翫，庶豁我塵慮之萬一乎。

東風日日綺羅筵，失結詩家冷淡緣。呵卒行慚松下道，伶童聲浣磵中泉。沙鷗野鳥渾相避，岸草汀花亦自憐。孤負湖山好春色，向君思覓卧遊篇。

贈嘉興王景福通判景福予鄉人，考銓士首選。

吏部文章第一人，奉天門下拜恩新。家藏徽國遺書滿，郡與宣公舊宅隣。屬縣迎人來畫舫，監州行事等朱輪。因君相慶還相屬，不負平生在澤民。

雙壽爲刑部劉廷臣郎中賦時以讞獄會姑蘇。

高堂二老面如丹，同一生申世更難。仙授遐齡書付鶴，帝頒殊寵誥迴鸞。喬松未覺年華老，萱草能禁雪意寒。持節平刑誇令子，過家稱慶有餘歡。

題禮部呂秉之郎中畫册

衡門俯寒江，隱隱脩竹下。鼓櫂問奇人，扁舟決於馬。

危山聳如人，絶壑下如阱。居然垂釣翁，相呼不相應。

涼宵萬籟息，明月流天中。放舟出浦口，仰面承江風。

雲浮天外峰，烟斷江頭樹。倚岸得綸竿，漁家不知處。

題無錫華文吉便面圖詩後

當時交契滿清朝，離合難禁歲月遥。重續舊題無限思，一燈殘雨宿長橋。

飲虎丘舟中呈致政祝大參顧憲副及受封王太史

客裏春將暮，乘閒上虎丘。飲便荷葉盞，坐愛木蘭舟。倚棹聞啼鳥，鳴簫動狎鷗。幸陪諸老至，不是少年遊。

楓橋送別圖追賦送劉汝器太守

楓橋岸側雞亂鳴，楓橋水邊舟欲行。老稚歡呼吏人擁，云是劉侯朝帝京。劉侯愛民如赤子，三歲大朝今歲始。循良定作好諸侯，清白曾夸真御史。楓橋之水來吴江，劉侯惠澤如水長。王程有期不可挽，起舞再進黄金觴。明年二月春滿野，一路垂楊翠堪把。焚香結綵預相期，還向楓橋候車馬。

讀大司馬三原王公奏議

三復華編思不禁，愛君憂國慮何深。忠言如出宣公手，慟哭誰知賈誼心。名字直應高北斗，文章寧止重南金？何時詔許歸黄閣，坐遣蒼生得傅霖。

追和虞道園石湖治平寺詩韻

假宿胥門驛，竹扉常反關。時登屋角樓，望見吴中山。居然石湖里，隱映如一寰。繁華久銷歇，流水空潺湲。聞説古郊臺，猶存蘭若間。無由策杖入，借此半日閒。孤懷坐成晚，浮雲自東還。

石湖治平寺故有道園學士之作，蕭海釣給事過而和之，以貽趙仲輝承事，仲輝間持以屬予，久無以應也。晚春雨霽，登姑蘇樓遠眺，勉賦一首。

題洞庭吴鳴翰秀才東峰卷

日出峰上紅，水繞峰下碧。中有藏修人，心期謝安石。

四仙圖爲栗之題

不見升天翼，泠然解御風。當時觀水趣，可與仲尼同？
七賢何代士，同作過關人。或是逃名者，聯翩起避秦。
東海如清淺，蟠桃更熟無？誰於天際路，飛舄見雙鳧。
仙奕心難静，經年事手談。倚門千古恨，誰似爛柯憨。

郭忠恕雪霽江行圖爲沈啓南題

蜀山曉起雪大晴，蜀江早有商船行。前牽百丈後催舵，欲動不動難爲情。兩舷相依若弟兄，雪後無風江水平。古來川貨甲天下，爾中何物皆充盈。一舟繫尾大於瓦，蕩漾不敢相先争。有時遇險即分載，主者自解操奇贏。長年三老各守職〔一〕，翹首疑聞呼嘯聲。紛紛遠樹霧中出，點點玉峰天外明。櫂郎呵凍相偶語，隔岸恐是夷陵城。大灘小灘難悉數，自出兩川今幾程？嗟哉遠道亦良苦，鹽井有戒何相輕。披圖一見肌上粟，凛然朔氣生簷楹。摩挲久之意乃定，何人方寸勞經營。素縑半幅不盈咫，云是東都狂郭生。宣和天子愛書畫，親與印識題其名。一朝桑海忽遭變，内局委棄隨榛荆。郭生惟餘比干畫，猶幸不燬南來兵。奎章學士子山子，獻納曾傾葵藿誠。爾來二百有餘歲，屈指春秋凡幾更。不知此本尚在否？撫卷益覺心怦怦。石田沈君最博雅，重購所得人皆驚。裝潢完好無璺裂，入手坐見增光榮。郭生斯圖乃其一，餘者往往皆精英。題詩有暇或臨搨，也以丹青吴下鳴。聞君家住湖水側，青山古木相迴縈。何時倚櫂一尋訪？君當倒屣來相迎。翩然坐我竹窗下，石鼎細呼春茗烹。揮童開奩取卷軸，甲唐乙宋聊相評。旁人定誚太古癖，塵襟且擬冰壺清。却愁玩物犯祖戒，未敢先輸他日盟。

啓南此畫，題者已多，不容復贊。獨記在宋、元史局時，嘗見巙子山進郭忠恕比干圖事，題者偶未之及，爰緝成篇。聞啓南家藏多古畫、法書，甚欲一觀之，因復自念，啜茶、觀畫皆先世所遜謝未諳者，不覺愓然爲之中沮，更俟商確云。

結草庵與黄二宣飲

厭見敲蓬雨，來尋結草庵。土峰新鷲嶺，石澗小龍潭。路繞蔬畦外，城當竹院南。客懷消不盡，一飯聽吾談。

龔廷臣許刻圖書不至詩以促之

竹風清處只題詩，一寸并刀不浪施。能事自應難受逼，知音寧肯亦相辭？新形活動盤蒼紐，古篆横斜度赤絲。從此文房知借重，泊舟相待已多時。

夏太常竹爲劉太守題

平生最愛文湖州，揮毫落紙涵清秋。胸中自有渭川在，高卧直輕千户侯。太常亦曾乘五馬，風致不在湖州下。剪得吴淞水半江，頓覺姑蘇紙增價。瘦節矯矯虬龍形，細葉蕭蕭鸞鳳翎。清潭下照不見影，爽籟一披如有聲。我朝名筆忽到此，眼中瀟湘無乃是。冰縑欲贈誰可當，總説劉侯德相似。劉侯治蘇經五寒，挺然可比青琅玕。雅操不爲雪霜變，虚心肯受塵埃干？漢室行將召循吏，幾見春花逐時媚。惟有清風似故人，頭白相看不相棄。

黄鶴山樵爲沈蘭坡作小景蘭坡孫啓南求題

在昔蘭坡翁，結屋斷塵鞅。俯聽溪閣邃，仰眺巖扉敞。天機久已熟，真趣可誰賞。頗聞黄鶴山，樵斧隔林響。居然駕小彴，來趁夜潮長。相對喜忘言，欲去愁孤往。揮毫意不極，縑素大於掌。高松發天籟，哀壑生夏爽。撫景尚如昨，斯人已黄壤。逆旅開畫奩，斜陽落書幌。高風邈難扳，題詩寄遐想。

書東峰吴鳴翰秀才與王太史顧永州華應城聯句後

行人一月住姑蘇，手閲珠璣興不孤。分道正奇知善戰，無形山水見佳摹。高、楊句法真能續，韓、孟才名漸可圖。頗恨風帆催去速，無緣謄稿付奚奴。

戴以德侍御行臺清節卷

繞舍森森玉萬竿，不知曾歷幾人看。一經句曲仙郎手，便覺行臺分外寒。
繡衣心性愛霜筠，自起新亭作主人。公退翛然無一事，清風看掃簿書塵。

登金山

眼中帆影去如飛，檻外波光碧四圍。南北勝遊皆下此，乾坤高興獨憑危。中濡水品清人骨，絶海風聲振客衣。張祐有詩誰更續？留雲亭畔倚斜暉。
大江中擁一峰孤，面面天開海嶽圖。黄鵠久隨拳石化，白黿能受老僧呼。遺丘漫指青囊郭，劫火猶傳玉帶蘇。起向妙高臺上立，朵雲紅處是皇都。

聞熊良佐太守復追餞江口不及詩以寄意

欲趁潮生早渡江，多君投轄意難降。已從水上鳴雙櫓，莫遂沙頭倒一缸。隔岸村雞催午爨，留人江燕集風幢。不堪咫尺分南北，斜日孤舟獨倚窗。

謁董子祠在鹽運司後。

江都仍舊地，無復漢王臣。故宅碑全燬，荒園井未湮。一言分義利，三策動天人。轉運今祠主，相隨奠緑蘋。

題郭守備畫卷

一尊相樂水雲間，曾共轅門一日閒。今度逢君江北路，只從圖上看青山。

海道守備都閫郭公節制之餘，喜事文史，予過姑蘇，嘗同遊天平諸山，樂甚。今兹復會廣陵，酒半出此，因賦一詩，且以見過江無山可登，并博一粲。

賦瓊花時與楊成玉太守鮑栗之同知飲無雙亭作

仙姬謫墮偶成叢，江北淮南淑氣通。天上有容争玉雪，人間無地着青紅。野塘逼路魚吹絮，古廟依林鳥唤風。不盡閑花傾國恨，蕪城斜日舊離宫。

飲總漕平江伯陳公園

元戎能武更能文，新起園亭自不群。塵裏烟霞惟此見，胸中丘壑許誰分。投壺散坐隨花影，草帖臨池傍水雲。幸我暫來仍暫去，不辭觴詠到斜曛。

徐都憲新奉勅至淮上以詩賀之

烏府誰堪衆論諧，多君宜進大夫階。舊班寵澤均三輔，新詔提封盡兩淮。擬見清霜消酷暑，可憐平地走陰霾。宇中屈指觀風使，會遣功名愜壯懷。

題淮人史孟哲所藏趙仲穆蘭

墨池誰解返香魂？淡葉疎花古意存。霅水風流湘水怨，不知同是舊王孫。

題增光前人卷

故平江侯陳恭襄公以漕運功廟食于淮，今上皇帝特輟其孫征蠻將軍代總其兵，下勑褒之，淮人大説，由是進士曲陽令畢玉廷璽摘勑中「增光前人」之語爲卷求詠歌之。

東南漕粟如屯雲，舳艫千里聲相聞。何人轉餉稱第一？樓船獨數陳將軍。三朝歷歷書勳考，撫髀無由起元老。寢廟弘開楚水頭，不斷行人薦蘋藻。樓船孫子人中龍，早從南粵分提封。八蠻坐使遵漢法，五嶺不復生烟烽。一日功成召還闕，浩氣如虹面如月。臨軒天語十分濃，許秉樓船舊時鉞。淮陽幕府今幾年？門前喬木高參天。兵彊食足兩無事，謀謨一一皆家傳。平生好文不專武，清白相承守茅土。天教良將輔中興，何愧周家世臣虎。

倉廩不虛國不憂，二京相望皆安流。殿巖徹入衛天子，剖符再見封元侯。

校勘記

〔一〕長年三老各守職　「守」，原闕，據四庫本補。

篁墩程先生文集卷七十三

詩

思補堂爲畢知縣賦

淮樹何蒼蒼，淮流下湯湯。水木相荏苒，中有君子堂。眷彼堂中人，意氣如圭璋。金榜昔高捷，花縣方迴翔。不願縻好爵，幡然歸故鄉。閑居二十載，鬢髮驚滄浪。平生君父心，一飯寧敢忘？清夢繞庭闕，遐思在羹墻。孤雲起復止，春草萋以長。令德幸加勉，桑梓流其芳。城東節孝心，欝欝遥相望。

都廷美參將之子克讓思以經術自奮求詩爲勉

將門才子樂從儒，聞道窮經衆不如。棘院英豪堪一戰，芸窗辛苦足三餘。彎弓不射南山虎，走筆將騰北海魚。文武一門看世澤，他年留待史官書。

題廣人鍾禧所藏蘇東坡親書率子廉傳後

紫虚閣上幾丹成，杵臼聲殘月自明。不是長公詞翰絶，世人誰記率生名。

禪榻香銷一穗雲，斷縑遺墨喜逢君。臨風細認藏書印，猶是襄陽米芾文。

飲平江伯清江浦别業中有道院及其大父恭襄公祠堂

一江如玦繞堤青，琳館丹房晝不扃。樹轉陰中斜作路，景逢佳處半開亭。魚驚洗硯過沙蕩，鶴聽敲棋傍石屏。未放客舟仍徙倚，舊勳祠畔讀碑銘。

留題表兄林文秀時爲淮陰驛官。

一官辛苦向淮陰，上世猶傳九牧林。壯歲功名須努力，外家兄弟最關心。官河發棹乘春晚，驛館挑燈語夜深。明日又應分去住，天涯相望各霑襟。

大河衛閔恭百户玩韜軒次卞郎中華伯韻

要將忠赤報皇家，手閱兵機鬢未華。辨悟公孫非白馬，勇思周處戮長蛇。曾從老將窺三略，不數旁人泥六花。當局定知多筭勝，曉添營竈夜量沙。

知是淮東宿將家，牘傳英譽滿京華。素書妙指傳黄石，紫綬佳祥見赤蛇。武隊曉屯新細柳，戎衣秋展舊團花。太平未可全忘戰，珍重夔州磧上沙。

題林良畫

一鷺閑依翠藻行，一禽飛繞絳桃鳴。轅門晝靜無矰弋，何限春風筆下情。

邀月軒爲大河衛千户陳鎧賦金宗潤太守之親。

不須燒燭照幽軒，夜下空階白露繁。開户欲分丹桂影，倚闌思共素娥言。旋收灝氣歸佳釀，莫放清陰過短垣。何羡庾樓高百尺，此中仙興絶塵煩。

題鄉人畢廷馨金臺别意卷

子從皇都來，我向皇都去。相見下邳城，各誦離筵句。子行入家山，動我遊子顔。驚風吹野水，夢逐孤雲還。我懷致君憂，子遂奉親樂。悠悠南北人，何時罷行脚。

壽邳州致仕都督韓公八十總漕揮使廣之父。

納節歸來二十秋，丹心猶在雪盈頭。口傳豹略勳名遠，身賜龍衣寵眷優。壽域擬過周尚父，轅門相近漢留侯。賢郎接武先諸將，新總軍儲十萬舟。

徐州與客夜酌聯句留別馬瞰貢魁

今夜彭城雨又來，燭花影裏一尊開。人生聚散紛萍梗，前代興亡付劫灰。佳會幸逢全盛日，並遊誰是出群才。明朝天北天南恨，野水孤雲戲馬臺。

沛縣端午與同行徐敬夫舍人王去私司務趙夢麟主事

泗上分明古驛亭，客舟俄聚水雲汀。佳辰幾遇頭將白，故舊重逢眼又青。闕下起居應賜艾，尊前離合笑看萍。清時致主身同健，莫向東流問獨醒。

歌風臺

土墻茅屋斷堤垠，感慨當年此奉宸。廢井獨來提甕女，空亭無復打碑人。真王業可忘思沛？猛士歌應悔狩陳。斗酒未窮懷古意，夕陽紅處麥粼粼。

有感

供應紛紛接兩京，舳艫千里敢争衡？尚方味説東南美，勑使行兼日夜程。進果誰陳加爵疏，獻芹圖得愛君名。豈知仁聖憂民隱，旰食時時減大烹。

醉中和去私一絶

蒲有香根芥有臺，客中佳節掌中杯。同來吊古皆豪俊，莫問詩才與酒才。

硯瓦溝在濟寧南，其水黑色，有碑云宣聖墨池。

一派泉聲出磵長，千金猶帶墨痕香。源流色正分玄武，删述功深仰素王。湘水有魚還識字，滎河無馬復呈祥。稽疑欲借圖經看，斷港裴迴又夕陽。

濟寧遇周仲瞻黄門夜酌

夜刻知傳第幾籌，誰賓誰主兩淹留。雄談祇覺風生席，爛醉偏憐月在舟。客路西東分濟水，離歌長短奏涼州。酒中無復驚人句，愧見城南太白樓。

望闕里作

尼山東下鬱蒼蒼，去路都無百里長。何日禮容陳俎豆，一宵清夢繞宫墻。孔林豈用堪輿説，周典應多掌故藏。心口自慚還自語，進修何日敢升堂。

聞重修孔廟東石憲副

禮殿輝煌照寢園，隆師一代仰宸尊。再從海嶽開形勝，誰向圖書識道原？文獻不須徵杞宋，規摹從此陋金元。提刑石介人争羡，獨著賢勞滿聖門。

寄衍聖公昆弟

不見王孫已數年，每過東兗即茫然。蒹葭自幸陪雙玉，葩藻還能值幾錢。良夜有情應下榻，薰風無計可停船。魚箋一尺憑誰送，濟水東流月漸圓。

偶成

船窗徙倚見殘陽，帆影垂流印一方。五月畏途心不惱，喜看隨處麥登場。

劉阮遇仙圖爲提督河道楊克敏通政賦

眼中風景非塵寰，熟視毋乃天台山？迥然仙境與世絶，斷崖無罅愁躋攀。瀑水千尋灑寒雪，危峰十二浮烟鬟。野渡南通赤城道，石橋下鎖清溪灣。沉沉一洞截山口，恐是天造蓬萊關。深行入洞凡幾里，雞犬聲喧白雲裏。濁水清塵此地分，珠宮貝闕中天起。芝耳曾聞商調悲，松顔不受秦封耻。澗邊夾路記行蹤，亂插桃花傍流水。西天不教化人城，萬片飛霞散晴綺。洞中美人冰雪容，星冠玉珮驚游龍。長者爲姊弱爲妹，臨風宛若雙芙蓉。未識人間有伉儷，但覺世外無春冬。端居不吟芍藥句，蛾眉肯蹙蓮花峰。三生有客緣未了，不期而遇真奇逢。雁蕩山頭日西没，采藥迷途意荒忽。珍禽逸響來繽紛，瑶草幽香散蓬勃。客子由來阮與劉，一一平生有仙骨。丹室原稱姹女家，藍橋即是神仙窟。雙璧相携歸洞房，紫衣小隊侍兩旁。霓旌翠葆總生色，鸞簫鼉鼓紛成行。供炊擬作胡麻飯，合巹先進崑崙觴。鮫綃文席琥珀枕，百歲寧憂春夜長？天潢牛女漫睽隔，巫山雲雨何荒唐。流年忽忽如奔電，偶在山中憶鄉縣。請從此别去還來，却對桃花重開宴。仙凡便覺兩悠悠，未盡離觴泪如霰。一去如同澗下流，重來事異梁間燕。輕狂柳絮非妾心，珍重蒲花似郎面。銅燭半銷雲母屏，琅函未啓黄庭經。鳳笙絶響緱山黑，瑶瑟斷絃湘水青。玄猿長嘯白鶴舞，蒼天赤日空巖扃。豈知二客一分手，身如夢蝶愁難醒。世移物换幾塵劫，桑田海水雙浮萍。春來再理登山屐，藥裹行裝感疇昔。人非物是心茫然，小桃花紅水空碧。耳畔疑聞杵臼聲，道傍只見豺狼迹。風鬟霧鬢今有無，恐在山頭化爲石。此身未老將何從，紫府瑶臺繆通籍。人生有合還有離，仙猶未免將奚爲。山經地志或偶爾，見者何人傳者誰。長生久視本絶欲，誨淫野合能無欺？赤豹凌風説山鬼，白狐拜斗成妖姬。危哉二客幸不死，奇逢堪喜還堪悲。錦衣郎君内供奉，一紙風流百金重。鵝溪新絹寫此圖，把玩精神欲飛動。銀臺勑使偶得之，坐見丹青照梁棟。款予頻挽木蘭舟，催詩旋發蒲萄甕。安得人如宋玉才，爲君一賦桃源洞。

臨清飲提督兵備潘廷璽憲副家

倚棹清源日未中，舊游談笑偶然同。興來已盡三升酒，醉裏還開一石弓。爲樂都忘賓共主，留人無奈雨兼風。醒時始覺歸時晚，漏下船窗燭影紅。

飲王氏園亭

艤舟三日厭塵煩，步入王家百畝園。多少風光生眼底，恨無佳什滿幽軒。
雞犬深深曲逕通，意行何必問西東？井亭楊柳交加處，木槿花開一樹紅。
雨後平沙不受塵，偶來忘却宦遊身。過江三月昏昏醉，忽見新篁似故人。
穀苗深秀菜根肥，露氣涼生白苧衣。珍重主人留客晚，隔墻燈火映船扉。

贈臨清劉克莊孝子

賈肆歌樓日夜忙，清源佳麗比蘇、杭。道旁綽楔金書字，驚見劉家孝子坊。

故城見致政馬太守先生給事中錫之父。

前輩風流十載聞，登堂今喜沐清芬。夜談往事徐呼酒，老愛新知屢示文。林壑有緣供杖屨，朝廷何日下玄纁。順流雙槳明朝别，無限情隨燭影分。

衛水灣灣翠繞廬，如雲喬木蔭庭除。白眉久待雙龍闕，黄髮高懸五馬車。桑梓百年恭敬日，萍蓬千里笑談餘。薰風擬入長安道，先爲家人報起居。

滄州遇張用光通守題便面贈之

相逢草草别匆匆，無限交情一握中。千里暫應分皓月，一方還爲起清風。

題碧桃翠竹便面贈妹壻趙瑛千户

仙葩和露掌中開，天上靈根異種栽。只見清風堪結好，渭川分取一枝來。

青縣遇漕運王瑾都閫自云宣城人甚有桑梓之念

樓船同住水西涯，一見知公是將家。解贈不須歐冶劍，論交頻煮越州茶。山東幕府名初上，河内軍儲帝汝嘉。聞説有懷榮晝錦，敬亭山色待高牙。

題唐馬

青青苜蓿長初齊，十二天閑望不迷。楊柳一株沙苑道，奚官來試驌霜蹄。

弟敏德在新安嘗作折枝海榴過河間從弟敏聽見而説之遂題一絶與之

香實垂垂帶露滋，丹青摹出壓闌枝。江南江北花相似，白日看雲一賦詩。

贈天津吕昂揮使

百雉高城虎豹屯，將軍初識吕虔孫。帆檣影匝河邊路，刁斗聲連海上村。青鏡年華應自惜，錦囊兵法共誰論。他時不忘相逢處，驛舍迎人柳拂門。

到京後寄漕運平江總戎

賓客淮陽盛一時，偶隨行樂倒瓊巵。投壺不廢軍中禮，横槊何慚馬上詩。沙柳緑深元帥府，水香花滿令公祠。南風忽倚都門棹，憑仗雙魚慰所思。

寄浙江閫文振方伯李若虛憲副諸公

萍水重逢各壯顔，相留十日共乘閑。飲餘浙市新陳酒，閱遍吴城表裏山。遠意笑談頻入夢，久慚供奉乍歸班。江湖廊廟心猶在，敢廁諸公伯仲間。

寄揚州楊成玉太守鮑栗之同守

后土祠前約看花，北來寺口醉呼茶。别時已隔路千里，夢覺長鶩天一涯。大府衣冠渾得意，上京炊爨乍成家。題詩無限停雲思，南國西風雁影斜。

與趙通政竹溪先生過定西大總戎筠清軒夜酌聯句時六月廿五日。

侯門開燕夜如何克勤？燈下藏鬮聽雅歌竹溪。交錯觥觴情自洽總戎，倡酬詩句樂偏多竹溪。不妨歸騎將衝雨克勤，共惜流烏似擲梭總戎。有約重來續清賞竹溪，萬竿脩竹正婆娑克勤。

七月朔時享陪祀太廟聽傳制遣祭歷代帝王陵陰雨陡晴詩以志喜

劍佩鏘鏘得步從，君王仁孝此忻逢。簫韶迭奏終三獻，玉帛將誠下九重。朝祭一時交換服，起居今夕兩聞鍾。無端風雨成新霽，天日光華仰聖容。

指揮家叔將歸七夕約李士敬昆仲同餞

半夜西風挾雨長，曉來庭院得新涼。正看織女嫁河鼓，況復行人辭帝鄉。一曲離歌雜燕、趙，幾年骨肉似參商。二難有約不相負，預洗金荷打酒嘗。

壽英國公母夫人

上公名爵冠勳賢，阿母高堂啓壽筵。黃菊才過重九節，朱顔將及古稀年。誥封極品恩如海，曲度長生酒似泉。晚福定期增鶴算，蓬萊他日看桑田。

謝周草庭都尉惠酒時值戒飲

春滿宫壺帶露篘，故人分贈若爲酬。正當止酒詩成處，兩斛明珠惜暗投。

分得言字送盧廷佐大參赴湖廣

閶闔門前喜拜恩，玉河橋畔送離尊。舊時賓客多星散，此際衣冠獨鳳騫。鍾阜雲開瞻日表，楚江霜落見潮痕。東南民物應何似，大省寧無贊一言？

成化癸卯冬至謁陵與李賓之學士聯句二十首

賓之約德勝關土城寺候同行予誤出安定關土城過道赴約

策馬西來問路頻程，出城東望正懷人。先聲喜逐前呵至李，負約幾成左顧嗔。孤堠影遲寒度日程，斷溪冰合遠迷津。他年記取同遊事李，語柄長堪寄一嚬程。

清河會費廷言司業

故人相約會清河程，短日羸驂奈遠何。慰籍共逢辛苦地李，笑談聊續短長歌。野翁愛客能分火程，戍客還家正擁戈。舉目關山驚歲晚李，舊遊那復向時多程。

沙河道中大風

掩地顛風作暮寒李，亂雲羈思兩漫漫。沙飛屢却行人步程，大冷誰供逆旅餐。豈有賢勞裨國事李，最慚多病負儒冠。停驂小憩斜陽裏程，莫問前頭道路難李。

宿昌平新城劉諫議祠下兼懷鏡川楊翰長

五年重宿此齋居程，往事分明一感予。坐久青氊回夜暖李，話殘紅燭到更餘。中堂諫議迎新主程，西郭耆民指故墟。因憶舊遊楊翰長李，摩挲三誦壁間書程。

劉諫議祠舊在學東談本彝府尹移奉于此

諫議高名此地存李，一㪷寒淥奠忠魂。憂時有策堪垂涕程，沘顙何人是負恩。京府載修新棟宇李，廟廷遥隔舊墻垣。如公千載還生氣程，半夜驚風正到門李。

不寐有懷廷言司業時屠朝宗都憲遣人相聞約同行

烟火沉沉夜對床李，山城寒漏覺偏長。詩脾欲困頻呼茗程，旅夢初回更换香。司業館深誰共宿李？中丞臺遠漫相望。隔窗明月窺人處程，猶似前宵在玉堂李。

將發

百年人世幾同袍程，此日追趍愛我曹。殘話半從幽夢續李，壯心寧覺畏途勞。雞聲遶舍催明發程，虎旅連城散夜櫜。北望寢園三十里李，齋廬還枕碧山高程。

早發暫過守備杜都閫

夜風吹盡曉晴新李，城上青山欲近人。蹔訪元戎回馬首程，遠追司業認車塵。岡巒宛轉隨雙旐，官衛參差記六巡。擬向穹碑觀聖制程，道旁先望石麒麟李。

道中

山郊回望永安城程，白石黄沙舊路平。樹老空山無落葉李，泉通幽磵有餘聲。明樓突兀中天見程，神道逶迤上界行。下馬紅門分徑入李，四陵雲氣正縱横程。

齋所

襆被來尋舊直廬程，石門斜映小窗虚。行厨午報新炊熟李，别院寒分半榻居。對景忽疑山入座程，引流常憶水通渠。小臣正切遺弓念李，寢樹風生夕照餘程。

相贈時與黄尚矩侍讀同宿。

玉署春坊本舊隣李，眼中誰主復誰賓。論文共剪齋堂燭程，助祭同趨輦路塵。歲月催人成老大李，交游屈指半新陳。松筠晚節期相保程，情話惟應此最真李。

晚眺

冒險尋幽興亦奇李，空林蕭颯凍雲垂。草中虎穽深難覺程，山下龍池遠莫窺。萬里乾坤容着眼李，一川風月解供詩。攬衣欲下愁荆棘程，賴有乘高力未疲李。

夜坐

不眠相對擁寒爐程，自起開門問僕夫。城角斗杓曾轉未李，殿頭風鐸有聲無。齋心耿耿懸孤月程，鄉思迢迢隔五湖。清話恐貪今夜永李，呼燈無惜效先趋程。

恭詣長陵景陵行禮

寢殿門深夜未開李，磬聲遥自月中來。千官鵠立供牲幣程，九地龍光徹斗台。人語不聞山更靜李，靈風欲動仗初回。一宵兩度陪禋祀程，還憶君王萬壽杯李。

下陵

車從紛馳出亂山程，月明燈影有無間。松林側過全欹帽李，馬首低回半脱鐶。隔路幾

人呼伴侶|程，隨班十載愧容顔。孤城尚有淹留地|李，舊榻殘燈正候關|程。

飲杜山守備宅乃先公舊部曲。

七年旌節駐山城|程，曾見官曹説姓名。酒出佳醅緣愛客|李，劒傳奇術爲談兵。四陵宿衛嚴宵警|程，千頃屯田足歲畊。試問尚書門下士|李，征南勛業幾人成|程？

至日歸途有作

驛路晴風不着人|程，仲冬天氣早回春。寒輕頗覺貂裘重|李，沙軟何勞馬策頻。吾道漸從今日長|程，官曹常與故交親。清時令節多休暇|李，歸引壺觴正及辰|程。

遊清河惠應寺

金銀樓閣倚晴空|李，幾日新城此梵宫。同拂衣塵聊駐馬|程，擬呼尊酒更開筒。山僧見面如相識|李，詞客參禪也自通。撫事臨風三嘆息|程，一杯茶話正匆匆|李。

望闕

城觀巍巍入望深程，五雲長遶閬山岑。塵蹤蹔隔仙凡境李。末使叨陪翰墨林。池上衣冠應候我程，道旁車馬亦關心。休言日共長安遠李，已覺天威下照臨程。

入城

市橋烟火路東西李，咫尺門墻望不迷。歸計從容堪作例程，别懷匆卒更留題。還家共有平安慰李，行李惟多卷册携。與子竟成三宿契程，向來無地不同躋李。

四塋爲林侍御貴實賦

寶澗西原侍御之祖諱英，武選員外郎，葬穀城山，不吉，後三十年，侍御奉遷于此，與其龍門故居相望。

凄迷穀城山，下有土一抔。昔在選部君，冠裳此淹留。山靈苦未協，來往空神遊。荏苒三十載，改奠西原丘。龍門聳喬木，寶澗縈清流。體魄安自今，蓍龜復何求？慎終美孫子，正不慚弓裘。

象峰東麓侍御之父諱輝，舉進士，卒時侍御始生十八日。

才宴曲江池，遄歸象峰麓。青春來未已，白日去何速。當時乳下兒，襁抱未勝哭。居然跨竈子，豸繡光一族。歸來今幾時，牛眠撫前卜。恩綸被宿莽，禄養悲風木。應刻太史銘，千年照林谷。

鳳山北隴侍御之母太孺人吴氏葬此，卒時侍御方謝病家居。

有山莆之野，勢如鳳孤騫。山背得佳處，林姥開新墦。姥昔無恙時，兒方居憲垣。當其委化日，兒正歸鄉園。慈孝兩無憾，哀榮一何言。人勝境逾勝，歲歲來分膰。青松與丹荔，蓊欝迷高原。

塗嶺南窩侍御壽藏在焉。

嶺雲何悠悠，嶺木未盈握。踞嶺盤生塋，兹見亦超卓。君誠達者歟，所抱非曲學。忠言動旒冕，勁氣排山嶽。紛紛塵海中，如夢若不覺。沉痾今告痊，壯志未摧剥。何當樂斯丘，更歷千晦朔。

送陳推府南歸

推府嘉禾陳君明遇奉表禮成南歸，適予以冬至日陪祀山陵，同日辭朝，不能奉送，口占此以見别意。

萬歲聲中奏禮成，一陽生處數歸程。恩沾上國如春育，路下中原似掌平。朔氣侵車憑酒遣，寒風吹木助詩鳴。蹇予亦作朝陵使，望别難勝此日情。

寄平江總戎二絶

出門終日犯塵喧，致主無才愧掖垣。忽遇北風淮上雁，不勝清思繞東園。

清口沙頭一棹停，當時賓主最忘形。别來水石瀟瀟處，聞説新開四美亭。

題武侯令伯忠孝二圖

兩雛剛幸免，萬古此真才。誰道匡時策，非從靜學來？至性通天地，遺容尚動人。獨憐圖報者，曾是漢廷臣。

送劉職方時雍赴福建參政巡視海道

三冬北風無寸雪，有客驅車向閩、粤。曉辭丹陛發行裝，舉頭尚見都門月。君在職方今幾秋，邊功不喜談封侯。金緋赫然本公論〔一〕，此心久抱蒼生憂。海道平時置官守，萬里鯨波駿奔走。内修外攘君所諳，好遣畊桑罷刁斗。長河南去冰未融，一尊相屬離亭東。行哉宦況亦不惡，荔枝滿樹狼烟空。

舊春齋居聞諸君子用坡公韻有作甚盛今冬祈雪僕方至自江南預宿此房附驥一首録呈寅長鼎儀

齋居無塵足清暇，明月滿城如雪夜。情知露禱聖心勞，對榻不眠聽漏下。火冷初驚沉未滅，杯香已覺松濤瀉。諸公玉山相照人，着我蒹葭豈流亞。年華忍與雙轂争？時政誰當一籌借。愁聞飢鼠散復來，屢見燈花結還謝。蕭蕭樹影欲過墻，隱隱棋聲疑隔舍。詩盟且喜隨孟、韓，世態何須問荼蔗。莫虞久坐吏人苦，曾發高歌山鬼怕。前身疑是刁斗公，不直一錢從怒駡。

題扇贈馮盛時貢士

三十年來研席同，一尊才見又西東。看花有待重來日，預買都城十丈紅。

送馮憲副佩之提學江西

久在秋曹熟教刑，故宜持節下傳經。孔門化澤春分雨，商序文光夜矚星。蓮社情多留別句，憲臺官重省心銘。西江雅望君無負，腰帶横金兩鬢青。

輓謝太守士元母

白箬山隱隱，白箬水沄沄。一抔松下土，重是恭人墳。恭人陳氏姬，長作謝家婦。厭彼時俗妝，佐此東山父。謝庭本餘慶，蘭玉生何蕃。中挺一枝秀，色映堦墀萱。異産不凡材，國香動天子。鼎食來黄堂，恩綸下丹扆。方期冰雪操，晚共慈竹長。那知顯揚地，遽成草木場？閫範多清風，人生一流電。名附有道碑，事可列女傳。不見白箬阡，爲歌白箬篇。寒雲起閭嶠，遊子應潸然。

題汪廷器畫牛圖

西疇耕遍已春深，氣力應憐兩未禁。豐草長林幸無事，區區相角是何心？

校勘記

〔一〕金緋赫然本公論　「金」，原作「全」，據四庫本改。

篁墩程先生文集卷七十四

詩

元旦早朝

共上履端慶，追陪鵷鷺行。寅賓趨玉陛，平旦下青坊。四十行年始，涓埃報日長。無聞知不免，慚愧授經郎。

聽詔

交修傳有勅，擁陛正冠襟。仁出天心愛，憂垂聖慮深。三言移分野，六事禱桑林。耆俊充庭在，嘉謀儻自今。

金縷曲月正元日壽董都督

喜遇元正節。想會合、貞元挺生材傑。曾仗雕戈提虎旅，蕩掃狼烟灰滅。問舊將，誰優誰劣。七十年來勳業遂，置陰符、却訪還丹訣。慶初度，華筵設。蕭蕭兩鬢飛晴雪。看膝前、桂枝秀穎，蘭芽香茁。冠蓋盈庭絲管沸，銀甕椒花酒洌。更休問、烏圓兔缺。但祝年年春不老，比喬松、晚翠根盤鐵。奏一調，長生闋。

齋夜與汪伯諧庶子陸鼎儀張啓昭諭德聯句

月轉西簷夜向深汪，幾回思卧更看參。天清輦道遥聞柝陸，火冷齋廬半擁衾。有制共嚴三日戒程，受釐應答九重心。坐來無事頻呼茗張，懷抱都忘俗慮侵汪。閉門春夜燭花偏陸，對擁寒爐久未眠。沉水旋添銷刻漏程，綵毫頻染動雲烟。天連御苑鐘初盡張，露下仙臺月尚懸。侍立小童渾不厭汪，晚來衣薄坐相憐陸。旅夕相看第幾回程？斯文尚誼許追陪。兩坊燈火還連榻張，三榜才名舊擢魁。茶話頗淹公宿意汪，坐眠時遣吏人猜。書生事業猶如故陸，耿耿丹心獨未灰程。

呼童試問夜如何張？·月落參横四鼓過。寒氣逼人衣漸薄汪，春愁泥客夢還多。南郊大禮憑誰賦陸？·東閣官梅許共哦。候吏已聞催曉近程，便思冠履上鑾坡張。

南郊陪祀與鼎儀同宿史道士房聯句四首

翠竹娟娟小洞天陸，道人相候寸心虔。新茶屢供青霄畔程，舊檢閒開白日前。丹竈幾回封絳雪陸，爐薰一炷起青烟。明年有約還分榻程，來向洪厓更拊肩陸。

右齋居并下三首皆借古韻。

夜下仙壇雪滿天程，萬人精享助皇虔。衣冠遠近君蒿裏陸，玉帛參差繅藉前。假寐暗銷清漏水程，洗心遥奉紫檀烟。旂常動處微風起陸，引望諸曹接項肩程。

右迎鑾。

雪浪沄沄遠接天陸，化工呈瑞報精虔。聯翩佩影宫門外程，赫奕軍容燎火前。萬馬不嘶懸夜月陸，六龍初駕擁春烟。禮成誰奏南郊頌程，給札應須付兩肩陸。

右陪祀。

雪後春陽便放晴程，萬人懽喜慶郊成。歸來兩騎河堤遠陸，望裏雙龍絳闕明。倉卒到城聞晝漏程，從容還舍整朝纓。回思夜榻曾同夢陸，咫尺丹房逼太清程。

右入城有懷。

慶成宴後有作

郊宴分行仰聖顔，暖風韶樂五雲間。賢豪屢見新前席，蹇劣宜歸舊從班。觴飲帝教霑醉出，簪花人羡戴春還。常饕尚食曾何益，駑馬空陪十二閑。

上元日與林諭德亨大商懋衡李世賢二侍講餞同年陸叙州克深考績西還聯句十首

六年兩覲一尊同淵之，簪盍今看笑語中良臣。盈缺共憐天上月敏政，分飛翻恨雪邊風傑。雷陳膠漆心長在瀚，李、杜文章思不窮淵之。悵别那堪還話别良臣？春雲撩恨滿城東敏政。

數載暌違此日逢良臣，夜堂燈火笑萍蹤敏政。名途共幸身强健傑，大郡争誇衆景從瀚。秉燭意長春漏短淵之，離樽香淡别情濃良臣。吟餘忽上西檐月敏政，相對愁聽紫禁鍾傑。去住相看作上元敏政，交情不改舊詞垣傑。金蓮影動笙歌沸瀚，紫陌塵空車馬喧淵之。樽酒流連忘夜永良臣，衣裘疏散覺春暄敏政。河橋豫惜明朝别傑，細柳東風蜀道轅瀚。久别相逢似夢中傑，曲江年少最英雄瀚。流光荏苒將頭白淵之，朋酒逡巡未頰紅良臣。地隔南川時望斗敏政，氣凌七澤擬嘘虹傑。人生良會應無幾瀚，晚節冰霜此意同淵之。宴罷瓊林十九春瀚，東西南北故情新淵之。玉堂雅集今如昨良臣，皂蓋清風獨勝人敏政。剪燭肯孤良夜賞傑，賡歌直遣壯懷伸瀚。鳳毛麟角真相許淵之，況際風雲慶會辰良臣。月明風靜主心懽淵之，春溢宫壺夜不寒瀚。深巷燭光星共爛傑，小庭塵淨雪初殘敏政。帝城已縱金吾令良臣，客子羞歌蜀道難淵之。此景不妨停五馬瀚，解襟岸幘共盤桓傑。金爐銀燭共燈宵瀚，佳會寧煩折簡招傑？酒潑凍醅春尚淺敏政，星隨寒漏夜方遥良臣。十年萍海雖多事淵之，萬里雲山會一朝瀚。欲縶場駒恨無計傑，出城車馬已蕭蕭敏政。文翁佳政見重施傑，聞説懷賢更有祠敏政。錦里好山題欲遍良臣，玉堂高韻押偏遲淵之。金蘭氣味忘賓主瀚，冰雪襟懷邁等夷傑。不久朱幡應赴召敏政，使君清譽已交馳良臣。遠别情隨夜漏深敏政，驪駒歌罷似難禁良臣。故人藥石能投我淵之，何處瘡痍最苦心瀚。入蜀杜陵詩益壯傑，賦梁枚乘病多侵敏政。彤襜明日辭金闕良臣，濟旱須爲四海霖瀚。傑。誰從元夕啓離筵良臣？同榜交游自往年淵之。握手謾論川外事瀚，回燈重和郢中篇傑。情貪坐久銷香篆敏政，心怨離多涸酒泉良臣。江海去年今夜月淵之，夢魂曾繞玉京天瀚。

題四馬圖

花柳繁陰翠作堆，人間驚見兩龍媒。低頭顧影無窮意，髣髴彤庭立仗回。玉關初未解秋防，苜蓿春深緑更長。好遣霜蹄空冀北，未容歸老華山陽。駿骨千金未足論，並遊來試碧沄沄。夢魂不到長城窟，須識天閑雨露恩。涼風簌簌動拳毛，入眼驪黄價並高。未脱鹽車充尚乘，當時誰作九方皐。

詩例奉送倪學士舜咨清明謁陵之行

今年分祀園陵下，問柳尋芳亦羡渠。往日濫陪軒蓋後，冒寒衝暑最憐予春坊惟冬至、中元陪祀。青山見客無生熟，白馬隨春共疾徐。諫議廟前來去路，感時應復到吟餘。

送侍御孫公出按南畿用同年戴以德詩韻

旗亭白日酒三巡，送客乘軺下紫宸。闕下有名思鉄漢，江南無地着錢神。月隨方寸光華滿，霜與平生節操均。入覲相期應隔歲，皂囊風采定驚人。

肅肅前騶擁徼巡，煌煌憲節下嚴宸。威風早已摧山岳，衷赤何須誓鬼神。一道冤聲應盡雪，七州民力待重均。知公不負江南望，曾是循良第幾人。

一年寒暑又逡巡，慚愧無才却奉宸。星鳳北來初識面，松楸南望獨傷神。同朝謾托衣冠後，隣縣遥聞道里均。濁酒易銷情莫盡，畫船秋水看離人。

送許國用南歸

許君國用自錢塘來新安，嘗從予遊紫陽山水間〔一〕，甚樂。予既赴京師，國用亦附漕運劉使君舟北上。舟相值于謝溝而相失，爲之悵然。抵京久之，始獲握手相叙，而國用又促裝歸矣。國用年甚少，性甚慧，喜問學，善書史，劉使君每自新安入京，必請與俱，然則明春相見，蓋可必也。國用間出其汗漫遊卷，索予題，因賦歌行一首，爲後會張本云。

子鬢如鴉面如玉，胸次蕭然絶塵俗。沿身書劍從一童，到處江山寄雙足。前年六月離錢塘，隨我驅車遊紫陽。高歌花外雜山雨，爛醉松陰眠石床。及時行樂人争羨，却買扁舟下江縣。我前子後差幾程，吴、楚風光閲將遍。偃王墓前春草明，謝溝閘下春潮生。何人訪戴有餘恨？才子依劉無限情。我行到闕隨鵷侶，半月秋風送殘暑。升堂再拜塵滿衣，知子來從潞河渚。西山雲擁金芙蓉，玉泉水香流白虹。垂楊綰客客不住，行裝又出東城東。男子當懷四方志，賢達分明眼前事。燕臺千尺北鴻飛，送子令人發豪思。蹇予浪説瀛洲仙，近來稍結山中緣。紅塵再入髪將白，更暖鷗盟知幾年？嗣歲春分酒初熟，西齋掃榻留人宿。子當高誦逍遥篇，爲我重添卧遊録。

題畫贈劉揮使還新安

十道江、淮轉運難，指麾能事説新安。年年有約懽相見，席上離歌不用彈。

蒼山老木磵聲長，入眼分明似故鄉。把酒贈君東郭路，不堪心逐雁南翔。

中元送蔡樊二都尉謁陵用草庭都尉韻

都城初過雨，輦道淨無塵。香帛供原廟，金貂遣懿親。風隨行李健，景入畫圖真。驛次馳應慣，齋居跡未陳。炎光浮野黍，涼思發溪蘋。蔡澤心何壯，樊宏性更醇。詩才兼雅麗，交味謝甘辛。山郭花藏市，沙橋樹隔津。碑亭圍罘罳，神路截嶙峋。談塵揮霜尾，吟鞍壓繡茵。不辭當旅夕，深幸際佳辰。劍佩趨雙闕，笙歌奠八珍。威靈瞻鳳馭，生氣協鴻鈞。禮磬聲敲玉，宮壺水滴銀。忽傳收燎火，早見徹嚴禋。北斗光芒正，中元節候新。斷雲開曉月，殘露下秋旻。蕆事同乘馬，歸裝或駕輪。節旄山鳥避，軒蓋路人馴。去説賢勞共，來看帝命申。金蘭忘異姓，玉樹羨同倫。欲訂西園約，朱門逼禁宸。

送元真觀徐本道士遊武當

屢到元君觀裏行，僻居瀟灑愛徐生。花當户外朱英爛，瓜出墻頭紫蔓縈。曉露研硃看篆字，午風敲玉認棋聲。無端又逐衡陽雁，丹竈歸時幾轉成。

寄宋民表同知

德政猶傳内翰名，又煩才子福山城。風前玉樹材偏雋，雪後青松節更明。遺老望塵驚自慰，好山隨路解相迎。無由縮地論今昔，憑仗南鴻一寄聲。

送程智南歸〔二〕

兩程夫子之先實徽之休寧人，一遷中山，再遷河南，見於歐陽公碑銘、胡雲峰祠記，可考也。今提學侍御婁公及今君歐陽公復興其祠于學宫，并一新遺愛、鄉賢二祠，遺縣從事程智馳奏于朝。禮部上請，得列祀典，鄉邦增重，伊始自今。而予於兹舉，慨想先烈，倡之贊之，蓋嘗兩致其力也。予視智爲族姪孫，言歸之際，特記祠事首末四十八句爲智行李之贈。噫！智亦何幸，署名於兩夫子奏牘之尾，上聞九重而下託之以不朽哉。

恭惟兩大賢，命世出嵩、洛。上焉繼往聖，下焉啓來學。侑食大成殿，專祀中山區。俎豆無終窮，道化與之俱。眷此海寧鄉，先世所自出。舊廟莽不存，過者愧儒術。憲臣秉學政，令尹司化權。坐協師生議，要使人文宣。一函走言狀，宗伯告天子。闕典許再興，偉觀自今始。豈無古循吏？亦有先達尊。巍巍企德堂，同此入道門。嗟我本末裔，慫慂恒惻惻。六一碑可尋，雲峰記重勒。入奏者誰子？家住山斗村。呼我大父行，等是嵩、洛孫。俯伏天九重，奔走路千里。盛舉忽告成，相看動容喜。秋潮没津渡，落葉飄井床。贈子一樽酒，解劍城東坊。南望浙江源，正過黌宫下。所期道脉長，增重枌榆社。子歸應幾日，爲我謝諸公。勉旃崇令德，無負新民功。

送黄世瑞南歸

予與世瑞友厚善非一日，於其歸也，情長句短，不足以盡，因輒賦此，情見詞中，不復贅言也。

古林黄子江南來，矮屋借住都城隈。平生抱玉肯輕售？斂容不上黄金臺。旅況從教白日速，壯觀喜覩青天開。西風一夜發歸思，遥天北雁聲相催。往來何啻萬餘里，非名非利胡爲哉？當時拂衣避文禍，歷江過淛愁嫌猜。栖栖汝、潁十年久，故園風雨荒田萊。謗者飄零恚者死，猶欲手障狂瀾回。兩淮饑饉苦連歲，津征太峻人相哀。袖書上白天子使，正色那顧群聲詠。家傳世牒自江夏，兵燹之後隨飛灰。辛勤重編幾易稿，收拾袓免聯功繚。邇來乃欲妄推我，分明硃墨求刪裁。後先跋涉本爲此，愈見精力忘顛頹。高人出處誠有道，餘子瑣瑣安能陪？空齋露下客衣薄，亭皐葉落紛成堆。客行去矣不可挽，蒲帆十幅懸高桅。憶昔訪子五城渡，驅車不憚青崔嵬。子家後圃有意趣，深藏一徑生莓苔。掃雲坐我松室下，文章滿架千瓊瑰。或如新綺織霞蝀，或如古鼎鐫雲雷。指揮神鬼加束縛，剖析義利分條枚。留談終日坐忘倦，澹然欲去還徘徊。今思此會豈易得，宦途擾擾衝黃埃。白雲先隴恒在望，誦詩不忍歌南垓。兩宫勸講無才補，一身竊禄慚非才。荒莊隔子五十里，清溪上下相縈洄。千章老木有嘉蔭，一林翠竹生新胎。方塘活水如鏡淨，柳枝潑潑穿魚腮。興來擬結白蓮社，新知舊學交相培。國恩未報尚留戀，飲子欲傾三百盃。江南江北若庭户，太平岐路非邛崍。相期有約定何日？無忘折寄山中梅。

中秋士欽相邀不赴次韻

來往詩筒劇鳳梭，一秋佳宴好經過。相期却負故人甚，不飲真如良夜何？竊禄敢思寬禁直，承顔聊欲慰奔波。他時有月皆堪賞，少待彤庭奏凱歌。

慶趙竹溪先生子登科兼有弄璋之喜

鵲聲頻送喜，佳氣集高門。桂籍初登子，蘭階更得孫。極知天有意，誰謂善無根。多少歸田樂，相期頌達尊。

送孝陵衛致政千户覃士英南還

舊遊蹤跡半相疎，喜見多君忽過予。命駕誰期千里外？開尊今是十年餘。鍾山紫氣藏弓久，幕府清風解印初。明日不堪還送别，西風黄葉繞離車。

段夫人壽詩

今年繫纜交河濱，升堂再拜尊夫人。蕭蕭鶴髮動容喜，賤子舊是同鄉親。夫人七十近初度，貴壻無由展情素。符臺遍索長生篇，況我年來夙欽慕？華筵濟濟風日晴，雜遝賀賓羅綺明。極知滄瀛有仙醞，況乃燕、趙多新聲？兒郎鶚薦名伊始，肯墜先公舊金紫？更期努力慰慈顔，歲歲相從祝蕃祉。

與倪舜咨董尚規李士欽聯句一首送太子少保保國朱公北征

大將提兵下漢庭程，光生千里震雷霆倪。旄頭夜落妖氛淨董，豹尾秋屯殺氣腥李。犬豕豈能當廟算程，山川應合助王靈倪。功成擬勒燕然石董，漢史無勞數衛青李。

送周儀賓入慶歸藩

入覲年來第幾番？金緋光彩又南轅。府僚北闕隨稱壽，帝子東都久奉藩。千里關山忘跋涉，一冬天氣足寒暄。坐憐親戚無堪贈，傾倒奚囊與贈言。

奉和致政令君洛陽周公見寄韻公爲先師文達公夫人之弟，儀賓其子也。

詩筒千里寄佳聲，賤子疎慵合負荆。喜色遽增東上閣，清風如對洛陽城。忘機定與群鷗狎，寄遠時聽一雁鳴。光霽無由堪進謁，草窗新緑幾回生。

送敏聰弟還河間

疋馬來衝九月霜，路人知是白眉郎。相逢南北今三載，不覺昂藏共我長。
書巢如斗畫堂東，日日相偎夜火紅。多少舊懷談不盡。雁聲時度月明中。
好是江南載酒來，一尊須待季方開。吾家手足情偏厚，不數當年七步才。
官邸連床僅月餘，冷官長愧食無魚。臨岐可有黄金贈？贈爾芸香一擔書。
金沙岡上大夫墳，與爾同原一泒分。蒼檜白楊須愛護，碑亭中刻御書文。
我已行年四十初，宦情人事兩迂疎。故人親戚多英俊，怪底曾無一字書？

問津圖

聖心與天通，憫此世道阨。周流寰宇間，所遇恒不獲。駕言入蔡境，又復離楚澤。驅車莽何之？一水漫相隔。遥遥風浪驚，隱隱岐路迫。田中偶耕者，矯若雲際翮。願從一問途，胡不見指畫。由來避世人，浪笑遠行客。孰知帝降衷，本負天下責。隱顯亦何心，士貴識所擇。兹事已千載，悠悠想風格。喬木入望青，寒日照川白。景物餘畫圖，得失著簡策。再拜先師容，摩挲古轅軏。欲賦問津篇，撫卷空嘖嘖。

送過副使太璞進表禮成還江西

曉日牙緋下九天，離亭相對朔風前。來朝共上南山祝，去路回瞻北斗懸。客裏杯長頻駐馬，道中波暖更乘船。寒梅古柏西江署，屈指風光又隔年。

朝陵歲例同寅必有贈行詩以倡和爲禮今次獨無知我不工於此也往來三宿皆天日晴暖詩景滿前竟不能措一辭誠如諸公所料行館早起漫成一律志愧然繼來者免我引玉之勞又不能不自幸也

故人憐我乏詩才，斷遣吟筒第一回。林壑獻嘲從此始，風花乘興待誰來？黌宫地僻紅塵少，寢路霜晴白日開。只有青山知客意，嗒然相對兩悠哉。

次韻奉送少宰王廷貴先生還蒞南京

澤國芙蓉照水新，祖筵遥對夕陽津。久期北闕司綸綍，還向南都領縉紳。千里盈虧頻看月，一番離合幾經春。赤心不共江湖遠，側耳嘉謨賛一人。

舊臣南去寵光新，熟路寧勞復問津？三品奏功初賜誥，六堂承學久書紳。行邊菊色聊經晚，到日梅花漸及春。欲倚渭城歌未得，才情深句郢中人。

題畫爲鄭府典寶淳安應君賦兼寄别意

白雁悠悠水滿塘，柳陰蘆葉似人長。拂圖髣髴清溪上，斜日漁村駐野航。
王門無事足幽探，爲賦新圖句不堪。莫聽雁聲思故里，箇中盤谷似江南。

送太學生洛陽陳瑀司訓郿縣

君本洛陽人，去教關西士。巖巖百世師，肅肅横渠子。當時受程學，著述存聖軌。故宅今何如？寂寞俯寒水。行哉學干禄，知爾非得已。華山雖萬仞，後進宜仰止。書繙定性篇，銘揭砭愚旨。庶幾坐皋比，不以道爲市。豈無郿之人，一二解臧否。平時勉旃意，新句已盈紙。君有仕優名，予無失言耻。

送三原王天錫赴南京右府都事天錫，今南京參贊大司馬先生之子。

幕府巍巍逼上台，都人常望諫書來。江東不用誇王導，分陝而今得異才。

虎旅分屯建業城，鳳毛承寵署新名。陰功自出三槐後，贏得家聲播兩京。
捧檄南行得奉親，君王真念老成人。江魚竹筍承懽處，無限丹心拱北辰。
萬仞鍾山入望高，官閒寧復簿書勞。傳家見説惟詩禮，不用登壇受六韜。

送貴溪宗人淳赴汀州司副

相湖分派入程源，幾葉兒孫秀更蕃。喜見青氊重出色，何須高蓋與華軒？自新安相湖往居貴溪程源。
百丈山前道一堂，秋來草樹未全荒。傳家正學依然在，一脉還應到粤鄉。淳之先所居百丈岩，有宋月岩先生，嘗建道一書院。
汀郡棠陰有去思，汀庠人説舊經師。此行擬續題名記，教養分明盛一時。吾宗槐塘克和嘗同知汀郡，汉口天爵嘗司訓汀庠。
離合紛紛幾歲華？客中辛苦又移家。京城咫尺無由別，孤負清尊對菊花。吾方有卜築之勞，故云。

壽喻君夫婦

喻君西江彦，美譽發蘭芷。白首閨中人，和音協宫徵。相看六十年，歲月未云駛。兒孫森玉立，繞膝奉甘旨。佳辰來衆賓，拜手祝蕃祉。悠悠逕菊黄，裊裊爐烟紫。居然塵壒中，雙壽照圖史。願酌九醞觴，朱顔似童子。歲賦長生篇，家慶自今始。

題畫送敏聰弟還河間

西風吹徹桂花秋，欲去珍禽不自由。無限人間離别意，海天明月照高樓。

輓過野舟六絶

歲轂如流水，霜華滿鬢催。滄江虹月在，不見米狂來。

舉世皆如夢，虚堂晝掩扉。幾人名利窟，回首解忘機？

芳林圍石塢，人指薛涇原。此日歸真宅，端然識寓言。
談屑多吴體，才華似郢人。一編窺豹蕖，誰復和陽春？
鳳翥鵬騫後，冲霄一鶴翔。九原知不憾，林立見三郎。
遠客詢遺行，何如漢郭君。墓前新白石，應刻蔡邕文。

飲王陳二真人園亭

二真重約飲西城，面面疎櫺暑氣清。了盡宦緣投子色，唤醒塵夢步虚聲。洛花久放遊人醉，閩果深勞餉客情。多病近來思辟穀，琳宫何日報丹成？

竹茶爐卷

惠山聽松庵有王舍人孟端竹茶爐，既亡而復，秦太守廷韶嘗求予詩。後予過惠山，庵僧因出此爐，吟賞竟日，蓋十餘年矣。觀吴同寅原博及虞舜臣倡和卷，慨然興懷，輒繼聲其後，得二章。

新茶曾試惠山泉，拂拭筠爐手自煎。擬置水符千里外，忽驚詩案十年前。野僧暫挽孤帆住，詞客遥分半榻眠。回首舊遊如昨日，山中清樂羨君全。

細結湘筠煮石泉，虚心寧復畏相煎？巧形自出今人上，清供曾當古佛前。可配瓦盆篘玉注，絶勝金鼎護砂眠。長安詩社如相續，得似軒轅句渾全？

鞠筠圖題壽人母

風前一種勝金黄，頭白相看樹北堂。耻與繁華争歲月，獨依高節共冰霜。綵衣欲亂參差影，緑酒能分瀲灔香。擬向花神問家慶，竹孫時拂翠雲長。

題南宋陳樞長江萬里圖

曾聽江聲過海門，眼中忽見舊濤痕。山崩岸坼知多少？獨有中流砥柱存。

萬里沉沉水拍天，詩人猶記夜鳴舷。醉來直上金山寺，酌取中濡第一泉。

江風吹浪雪粼粼，笑撫冰縑欲問津。短檝輕橈渾不見，未應無復濟川人。

南渡陳郎筆意閒，水雲摇動墨池間。長江不作華夷限，定寫瓜州北岸山。

題大畈汪希大養浩齋卷

我有浩然氣，充之塞乾坤。一蹴苟失養，此志日已昏。汪君婺之彦，烈烈前王孫。窮年事探討，成性將存存。昭示揭華扁，如在孟氏門。豈無媚學子，日夕攻討論。所思在葩藻，誰解植本根？若人乃超然，德性行以尊。永言勿自餒，坐使民風敦。

校勘記

〔一〕嘗從予遊紫陽山水間　「予」，原作「于」，據後文「前年六月離錢塘，隨我驅車遊紫陽」改。

〔二〕弘治休寧志卷三十八此詩署：「成化癸卯八月六日賜進士及第奉直大夫左春坊左諭德同修國史經筵官兼太子講讀官敏政書。」

篁墩程先生文集卷七十五

詩

故刑部尚書萬安劉公夫人哀輓同年憲副喬之母。

尚書勳德重當時，伉儷分明得女師。淑行定歸劉向傳，令人三誦鵲巢詩。
荆布家風玉雪容，詩書猶説舊儒宗。相夫誰合隆恩澤，四度鸞書出九重。
清寧宫裏早朝回，四翟冠高比上台。識遍朱門金字榜，衆中誇道不凡才。
教子丁寧讀父書，策名黄甲佩金魚。故園花竹春如海，贏得諸孫候板輿。
閲世相將九十齡，白頭如雪兩瞳青。緣何便作遊仙夢，拭淚空瞻婺女星。
落日秋山起白雲，森森松檜擁高墳。賢名百世應難滅，中有天家諭祭文。

定海李揮使東溟一覽卷

李侯落落千人雄，指揮戰艦橫雕弓。倭奴斂跡向沙島，不敢出没鯨濤中。新樓拔地幾百尺，倚徙下見馮夷宫。掀髯長嘯動林木，勝覽直盡東溟東。晴光蕩潏開鴻濛，旭日正上扶桑紅。亭臺隱顯蜃氣滅，斥堠遠近蠻烟空。青山遥遥斷海口，横天獨鶚乘秋風。時呼一斗霹靂酎，澆此百歲塵埃胸。流年任爾添白髮，飛思直欲凌蒼穹。邇聞謝兵學辟穀，匣中劍氣韜長虹。蓬萊三山渺何許，異日倘見安期公。披圖擊節壯吾子，高歌遠寄南歸鴻。

有感次高夏官克明韻二首

年來閒却舊巖扃，僮僕應嫌鵲未靈。二頃墨莊心已足，幾人塵海夢初醒。愁侵病骨鬚先白，春入天涯草更青。感子投瓊意何限，愧無佳什付奚丁。

山前山色遶籬斜，慣看收租與焙茶。寸策併無空許國，一年將盡倍思家。鴟夷舊跡餘三泖，太白新題重九華。自分散樗成底事？春風無限上林花。

喜雨與汪伯諧劉希賢吴原博同寅聯句

九重一念格穹蒼汪，驀地陰雲起兑方。簷溜即看渾似注劉，市塵那得更如狂。遥知隴麥回新緑程，細覺宫槐綴嫩黄。明日趨朝同拜賀吴，頌聲應喜動巖廊汪。破柱雷聲送雨来劉，眼前生意遍枯荄。禱祠漢室慚方士程，調燮商家待相才。此日亭成誰志喜吴？早時詩就不勞催。逼人清氣知何許汪？頻覺煩襟滿坐開劉。天際陰雲散復聯程，併將風雨作豐年。遡風群燕衣猶濕吴，濺水新荷葉正圓。草野久憐農望切汪，桑林初識聖心虔。莫教夕蝀輕相妬程，擬挽天瓢一霈然劉。滿院涼風透葛衣吴，雨餘輕扇不須揮。齋居静覺心無累汪，吟榻清期願不違。瓦鼎日長烟篆裊劉，銅壺天遠漏聲稀。菜羹茗盌同三宿程，詩陣堂堂未解圍吴。

沁園春壽少詹學士鏡川楊公

天啓家筵，連開壽域，總值芳辰。喜位進儲端，新懸印綬，恩加閫正，久奉絲綸。霜拂華顛，霞明丹頰，甲子而今才一巡。嗚珂巷，見長庚徹夜，瑞靄凌晨。
膝前雙玉，也何用、斑衣能悦親。看才壓秋曹，方恢宦轍，名需春榜，更冠儒紳。曲度南詞，酒傳内醖，珠履紛紛來衆賓。偕老處，問幾番蒲柳，得似松筠。

盆梅爲南園蔣大監賦

雪天誰解返冰魂？春意攙先入禁門。蓓蕾漸看舒五出，胚胎疑爲染孤根。塵空冀北烟花夢，思繞江南水竹村。珍重盛開應有日，洗妝先試緑醅尊。

梅花引

歲云暮矣萬木僵，山雪未霽江雲黄。竹間彷彿有佳處，野橋陣陣吹寒香。冰爲仙肌鉄作腸，平生不入桃李場。老天有心慰清絶，先遣春意回孤芳。寫生近世惟王郎，一幅輕縑摇素光。宛然再見姑射子，瘦影下照清泠塘。羅浮夢破月轉廊，羌笛聲隨風度墻。喜從舊譜得三昧，不説新妝傅壽陽。臨池想像白玉堂，垂垂鼎實乘春忙。巡簷欲誦廣平賦，花神一笑天蒼涼。

分得閤皂山送伍希淵太守考績還廣川

青山突起滄江垠，寶氣夜發騰秋旻。鍊師叱劍啓洞穴，刻玉儼坐真天人。山靈幾時閟琬琰？道院一日開荆榛。寰中福地七十二，名數閤皂非常倫。使君五馬數過此，與山識面驚鄉隣。奏功近自廣州入，歸路復擬停朱輪。鳥啼花舞滿磵谷，知有恩露来楓宸。浮嵐暖翠杳難極，莞爾昔年川效珍。奚囊欲鬭兩奇絶，罨畫不盡千嶙峋。明當有詔起循吏，酹山細倒羅浮春。

三月十七日原博諭德餞汝玉給事于玉延亭會者賓之學士于喬諭德濟之世賢侍講曰川校書道亨編修暨予得聯句四章時黄薔薇盛開復移尊于海月庵酹花酹别又得三章予亦將有餞約而觴汝玉者多刻日有次第不能奪也手録此以致繾綣不已之意〔一〕

酒半離筵客未來東陽，諸公興淺欲停盃寬。亭前花影看移日鏊，池上波光愛潑醅傑。

延竚不堪南省迥震。時玉汝燕于禮曹，故云，淹留豈待北門催瀚？蹇予恐未當君意敏政，習氏池邊未肯迴東陽。

皇華南去正春風遷，水長灣頭畫鷁通寬。萬里瀟湘如在眼鏊，九重霄漢未忘忠傑。淮陽夜泊應懷古震，吴越秋成久願豐敏政。歸疏邊儲報明主瀚，太倉無地不陳紅東陽。命下龍樓重歲儲震，城東春色擁離車敏政。過家路便心先到瀚，報國身勞我不如東陽。獻納暫違青瑣直遷，諮詢争覩紫泥書寬。送君正是花時節鏊，飲盡瓶罍興有餘傑。江南春色動歸人東陽，畫舫紅旗早問津敏政。湖口過家魚正美寬，城邊迓客酒初醇傑。催詩數點朝来雨鏊，撲馬無端陌上塵瀚。莫忘玉延亭下宴敏政，相看不是白頭新寬。刺蘗花下送離觴敏政，别思詩情共渺茫瀚。折贈不須河上柳東陽，醉眠真愛井邊床傑。籬根濺濺聞流水鏊，屋角亭亭見夕陽寬。繞樹未堪分去住敏政，還看海月照東堂瀚。移席東園就看花傑，花前起坐即喧譁寬。却因送别成嘉集鏊，不用尋芳感物華敏政。漸有緑陰看繫馬東陽，豈無銀漢待乘槎瀚。共君秉燭須今夕傑，最喜西隣酒易賒寬。一種籬邊未滿叢瀚，瓣香含雨葉含風東陽。遊絲惹地牽黄蝶遷，細雨臨堦綴玉蟲鏊。滿院旃檀春欲暮傑，印池羅縠夜將空敏政。行人幸與凭闌會璚，儘有光華付與公鏊。

畫竹

墨本驚傳抱節君，佩聲摇動水蒼文。龍孫䶢䶢争穿土，鳳尾翛翛半入雲。滿地雪霜甘耐晚，一春紅緑耻隨群。摩挲欲掃琅玕淨，恐有詩題隔坐分。

送丁玉夫舍人謫普安州判先是，王尚文給事亦謫於此。

池上人如許，憐君萬里行。蠻方風土異，客路旱塵生。一飯皆君賜，孤吟足宦情。到詢前給事，應續舊題名。

分題得芭蕉分緑

倚石亭亭翠幾攢，清標不似雪中看。夢回獵圃思藏鹿，影拂書窗愛舞鸞。聚扇一揮風力迴，捲盃三酌露華殘。誰便淨緑無塵染，細寫新詩墨未乾。

吴人張祚母王節婦

三十年來婦節完，玉壺清冷逼人寒。松筠自保知心久，桃李空驚入社難。化及鄉閭堪樹表，教成兒子解承懽。憑誰更續陶鴼操，爲譜琴聲膝下彈？

題畫菜

曾移蔬甲課園丁，嗳嚼霜根養性靈。獨有畫工知此意，能將風味入丹青。

夏日獨卧西齋陶懋學貢士與克儉弟隔坐寫畫笑語而窻外槐陰與盆石掩映宛如往歲回舟北上時事因成一詩

卧我西齋坐兩君，不知談笑久離群。墻槐影似中流見，盆石青疑隔岸分。屈指三年如昨日，開顔一酌又斜曛。相煩畫舫題新額，滿壁揮毫動水雲。

廣平王同守原常治水底績卷

一宵水決漳河衝，鯨波突下驅雷風。劃然蝕出賈村口，聯堤屬堰如飛蓬。城門晝閉人反走，四顧已作馮夷宫。貳車王公智且勇，拯溺坐遣舟車通。行人拔濟免魚腹，公倉保護留陳紅。祇餘決口水如故，屢塞屢壞愁民窮。民言必得貳車往，上官委牒来匆匆。王公一念通灝穹，單騎直抵漳河東。左畚右鍤萬衆集，指呼中坐如元戎。先疏下土殺水勢，巨楗却擣奔流中。土黏石砌完且固，十里隱隱拖晴虹。幾年泛濫一朝去，入眼似覺滄溟空。施工次第在方寸，旁觀束手真吴蒙。挽牛未數百步洪，射蛟不用千鈞弓。跨岸長橋復緜亘，繞坻嘉木還青葱。膏腴可佃六千頃，官租遮莫憂難充。馬前加額来田翁，道上拍手歌村童。神龍廟下磨巨石，太史執筆書成功。埭稱召伯可專美，堤號蘇公誰長雄？我家中寓瀛海郡，北方水患恒忡忡。考圖按譜多舊跡，坐視孰肯勞其躬？假令稍費疏築工，斬地即挽凶爲豐。臨風撫卷三嘆息，惠政安得千王公。嗚呼！惠政安得千王公。

七月六日飲北城友人園亭

北郭分明遠市譁，小亭幽絶似山家。閒繙畫册評三昧，醉撫盆峰憶九華。秋後可容來撲棗？暑中先許坐呼茶。重遊自擬非生客，深巷沿苔一徑斜。

題春山樓觀圖

一帶好山横樹杪，幾重高閣起雲中。何當避暑鈎簾坐，納取虚窗八面風。

題畫菜

籬下分披紺葉長，枝間涼綴紫團香。已應風味堪登譜，更着丹青與擅場。

丙午六月同黄大器避暑朝天宫李鍊師之來鶴軒

雨餘涼思一襟回，琳館苔花滿石臺。雙鶴遡風留語去，獨槐當户送陰来。丹爐幾向清宵伏，芸檢時從白日開。避暑又看今歲始，不辭冰果薦春盃。

愛山亭爲趙夢麟主事賦

北固山前水一灣，小亭遥對數峰閒。要貪紫翠来窗几，日日呼童莫掩關。

海岳庵頭石路通，結茅人似米南宫。醉来徙倚窮雙目，誤指青山作畫中。

次韻賀李學士賓之誕子

吉夢遥占一月餘，果然蘭茁見階除。門閭不是尋常喜，湯餅連傳伯仲書。骨法生来應克肖，啼聲聞處定何如。眼中足慰而翁意，他日將同頴上車。

送婺源宗人瑎南歸

相逢未久促歸裝，草草停車餞一觴。冰釋御溝波盡緑，日烘官樹柳初黄。回瞻北斗皇州近，去逐東風客路長。莫負壯年須力學，舊家原住晦翁鄉。

錢君宗甫以素扇索詩寄施君彦清

詩社南尋舊日盟，尚方終記國醫名。惠山泉水清如許，一爲高人塹濯纓。

趙夢麟員外瓊林醉歸圖

甲榜傳高第，春風入壯顔。瓊林霑醉出，紫陌看花還。巾服存唐製，官儀簉漢班。莫將經濟策，相愧畫圖間。

題蒙泉岳先生葡萄

劉郎未撤輪臺戍，使者年年向西去。宛國傳將馬乳來，漢宫始識葡萄樹。茂陵石馬秋風寒，玄香冷落黄金盤。後来尚食不到此，當時價抵千琅玕。鎮夷城頭初罷鼓，謫仙揮毫氣如虎。一番風味眼底生，萬斛驪珠手中吐。鐵面長髯誰比倫，慷慨便作凉州春。兔起鶻落總天趣，日觀之徒空逼真。願子珍藏無草草，謫仙已逐秋花老。臨池不覺三嘆嗟，前輩風流到今少。

侍御臨淮李君士常以蒙泉岳先生在謫時所寫葡萄見示，請賦一詩。予舊嘗爲毘陵卞讓所得者題長篇矣，然在十年之前，語凡氣弱，不足齒先生妙墨之左。更欲賦之，而詞氣視十年前益衰，卒未能也。書以塞士常之命云耳。

送黄進士金還定遠

纔從邊塞犒軍來，又向高堂戲綵回。河上薰風吹去櫂，城隅初日引離盃。山間舊屬興王地，科甲新傳出衆才。可得孤雲戀桑梓，即看雙佩上蓬萊。

送屠元勳郎中赴南京大理丞便道往秀水省親。

冰花消盡柳條新，好友相看別意真。分署才名歸漢吏，擅場詩律似唐人。鍾山到日遥瞻斗，秀水經時賸得春。聞説雙旌催曉發，城東還擬逐車塵。

送安成歐陽子履進士奉命犒師廣中便道歸省君兄子相，先舉進士，爲令休寧，聞近以考滿將入覲，故末句云然。

驛舟南下柳初黄，春凍全消水力長。奉使一番聊過嶺，寧親千里得還鄉。行裝慣重題名記，賀客歡生具慶堂。却倚東風聽候雁，定多詩夢到池塘。

次同年張汝弼韻贈錦衣林公

將軍先世本材雄，常在先皇宿衛中。要識兒孫能繼武，門前喬木是遺風。

和韻蕭文明給事留别時成化乙巳正月二十四日。

一日春風滿帝京，獨憐回首送君行。恩綸已覺蘇凋瘵，謫籍終應雪姓名。都下舊桃留賞約，道旁新柳識離情。瘴鄉山水原多幸，贏得珠璣照眼明。

萬福寺送文明與倪舜咨李賓之二學士傅曰川吴原博謝于喬三諭德林亨大修撰陳汝玉給事李士常侍御聯句〔二〕

送客東城擁霧來敏政，對爐先遣一尊開岳。盤因待别留兼味傅瀚，詩爲陶情且共裁林瀚。庭竹未青寒尚在東陽，江波初緑煖將回寬。臨岐聊爲歌三疊遷，門外驪駒莫漫催璚。愛客幽僧開竹房岳，春來偏稱舉離觴傅瀚。東風立馬情如海林瀚，南雪欺人鬢欲霜東陽。關樹蕭疎家在望寬，江梅零落路生香遷。後期莫忘論交地敏政，隨處江湖與廟廊經。

次韻魏端壁鴻臚述懷之作

紅塵滾滾翳雙瞳，一室蕭然借遠公。守道懶隨人俯仰，肅容常立陛西東。平生志肯隳家學？薄宦情思翊聖躬。聞説感時新扣闔，萬言長疏已留中。

題南京邵思誼漏月軒有莊孔陽同年記

定山居士久離群，一紙新傳漏月文。文古字奇誰似者，近来應學武夷君。小軒生業未全貧，爲厭笙歌暖送春。上雨旁風元不計，只教明月不窺人。

送王汝璧同知自河南督運大同

壯哉騎馬出居庸，轉餉歸来倏過冬。虜境尚聞傳夜柝，漢屯誰復事春農？髮隨驛路年華改，酒入旗亭别意濃。菜色更深伊、洛地，使君何以慰喁喁？

送寧縣張泰省母南歸

久侍嚴君官冀北，又寧慈母返江南。舅家派遠新通譜，宦邸情深屢接談。行處片帆衝暑雨，到時雙屐破晴嵐。承恩堂上春如海，預喜稱觴客盡酣。

泰侍父官京師，將歸省其母程孺人，因其内兄爵求予詩。爵之先，蓋自新安徙寧之遠溪，藏有先朝舊譜，真予忠壯公所同出者也。其母嘗受恩封，故詩及之。

六年考滿日偶成

廁跡宮僚十載餘，無功堪上考功書。冷官幸免三宜黜，醜女真成百不如。髮白漸驚聞道晚，才非原合致身疎。經幃不厭儒生説，敢惜朝朝理蠹魚？

寶澤堂爲吴人陳翥賦寶其父所書小學也。

有美太丘翁，家聲重吴城。授子以詩禮，不貴金滿籯。籠中小學書，手筆嚴且精。翁去倏幾年，諸郎亦多成。進思過庭訓，展玩驚如生。什襲古縹囊，共守百世程。恭惟考亭老，有期在躬行。我願君子心，顧此寶澤名。芸香拂舊籤，白石回光榮。勖哉景賢範，庶以歸鄉評。

書仁里族姪佐時家慶卷後八絶

弓冶相承每自憐，喜聞能受一經傳。春風緑鬢芸香重，何止青雲屬少年？右付簡，簡年十五歲，能舉業。

古来耕讀兩相循，立志誰堪慕有莘。聞説一犁春雨後，緑陰長作帶經人。右付策，策年十四歲，好耕讀。

儒碩堂深世禄長，雲烟飛處墨花香。對人好寫顔公帖，珍重吾家白面郎。右付禄，禄年十一歲。

夢中疑有筆生花，不比書窻學畫鴉。努力顧名思擢第，讀書休負好年華。右付第，第年十歲。

書齋晴日乍揮毫，天與佳兒一字褒。吉兆已開休忘取，家風須並士風高。右付節，節年六歲，學書時先草一「風」字。

紅隱危樓御墨鮮，家鷄何止得家傳？文章不愧昌黎伯，好讀城南訓子篇。右付符，符年

六歲。

早從懷抱識之無，太傅功成雪滿顱。玉汝異時探學海，碧霄紅日看鵷雛。右付範，範年

二歲即認「海」字。

風塵楚楚脱塵凡，更向群中數阿咸。坐想後来應跨竈，笑人終歲着青衫。右付治，治年

七歲。自禄以下，多解草書，或能吟小詩。

予宗姪鄉進士佐時自新安上禮部，出此卷，乃予别後其家有八子，昆仲叔姪皆聰穎異常如此，殆先世所蓄之厚而致然耶？今佐時受命出宰新昌，因賦八絶寄示，少寓勉進之詞，亦自慶云爾。觀者勿謂其有譽兒之癖可也。

送鄭太史廷綱赴浙江提學憲副

長身玉立舊詞臣，喜服牙緋拜命新。一舸遡風驚遠别，諸生懸日候分巡。譜通夾漈歸閩産，學數康成重漢人。知子政閒應念闕，吴山高處見楓宸。

送小彭閣老養疾還安成

幾年黄閣贊宸旒，早乞身閒未白頭。多病漸馳林壑夢，寸心終切廟堂憂。新分雨露隨雙履，舊積圖書載一舟。勿藥有期應更健，九重虚席待前籌。

送敖太史靜之赴江西提學憲副

鄉榜曾傳第一人，詞林相見十經春。史堪朱墨掄才久，服稱金緋荷寵新。官向洪都分憲節，化從殷序播恩綸。巡行不用申條約，白鹿遺規有翠珉。

送蔡德馨從父宦遊三衢

中郎年少美丰標，千里薰風拂晝橈。此去壯懷增幾許？推蓬初看浙江潮。綵侍寧憂客路難，直從魚浦過嚴灘。吴山越水經遊處，得似當時畫裏看。

送盱江宗人正式南還廷式，雪樓先生六世孫。

梅雨多時水正肥，河梁遥逐一帆歸。阮南有譜通應久，郢曲無才和轉稀。明月屢回桑梓夢，紅塵不上芰荷衣。舊家人物如君少，無限離情對落暉。

校勘記

〔一〕三月十七日原博諭德餞汝玉給事于玉延亭…… 「汝玉」，係「玉汝」之倒，此爲餞陳璚之行，璚字玉汝，詩題後一「汝玉」同。

〔二〕萬福寺送文明與倪舜咨李賓之二學士傅曰川吴原博謝于喬三諭德林亭大修撰陳汝玉給事李士常侍御聯句 「汝玉」，係「玉汝」之倒，陳璚字玉汝。